THE DERBY DAY
RACE HORSES
KENTUCKY 1875 - 2020

WORD SEARCH

INSTRUCTIONS

You'll find in the pages that follow
117 Word Search Puzzles.

To solve the puzzles find the listed words
hidden in the big grid.

They can be found listed forwards or
backwards in a horizontal, vertical or
diagonal line.

Letters are never over skipped but the listed
words may overlap in the grid.

Circle each listed set of words in the big grid
as you find them and cross them from the
list until all of the listed words are found.

If you need any assistance, solutions can be
found at the back of the book.

1875

ARISTIDES
ASCENSION
BILL BRUCE
BOB WOOLLEY
CHEASAPEAKE
ENLISTER
GOLD MINE
GRENOBLE
MCCREERY
SEARCHER
TEN BROECK
VAGABOND
VERDIGRIS
VOLCANO
WARSAW

```
T S S A A S Y B T W A R E V V W G M V G
E E I S S E R O V E S I N E A C O C V R
N A R C C A E B O D N E L R G S L C O E
B R G E G R E W L L A B I D E B D R L N
W B I L L B R U C E S R R A V T C N C I
E A D A S C C B A B C E R O N H O E B S
N A R E E O C O N I E C   E E I E N O E
L N E S L L M B O L H U S A S C S L B A
I S V S A T B W A E E A S N S T K W W R
O S E I E W R O R G E A E A E E T B O A
G O L D M I N E N N P C N R A N E I O O
R E T S I L N E G E S C R I R B N L L W
E N L I I T N S A A R A M C C R B L L A
G V E R D E S K W A R G O G R E N D E R
O B V O K B E I A R I S A R I S A O Y S
L O E T M C C R R A S D N O B A G A V E
D B R A S C E W S A B I L L G R E N A L
T W D M C C R W A R S G O L D N A S C E
```

1ST PLACE	ARISTIDES	2ND PLACE	VOLCANO
3RD PLACE	VERDIGRIS	4TH PLACE	BOB WOOLLEY

1876

BOMBAY
BULLION
CREEDMORE
GERMANTOWN
HARRY HILL
LEAMINGTONIAN
LIZZLE STONE
MARIE MICHON
PAROLE
RED COAT
VAGRANT

```
H A P C R E R B E C R E E D M G N E L N
A P A O L L A O U G E R M A N E M P I W
R A R R L V L V R L N L C G C R H A Z O
R R O E I A L I A N L A R E R M A R Z T
Y O G D Z G I R H G M I E R E A R O L N
H B E C Z R Z E M Y R N O M E N R C L A
P O R O L A T D C L R A O N D B Y R I M
A M M L E A B R I I O R N O M O H E Z R
R B A N O O E Y N Z R E A T T M M E Z E
O A N C M E A L I Z Z L E H N B E H L G
I W D B D Z N O H C I M E I R A M A E L
L E A M I N G T O N I A N E G E R R S E
R Y O R M A R I E M W M A R L B G R T H
N R I E B O M M A R I E M A N O U Y O A
E L V H A R R Y H R B O M B A T R H N R
H A R R Y H L Y B O M B W V A G L A E R
O R L I Z Z L E E R R E D C O B U L P Y
L I Z Z L E L G E R M A N Z T P A R O H
```

1ST PLACE	VAGRANT	2ND PLACE	CREEDMORE
3RD PLACE	HARRY HILL	4TH PLACE	PAROLE

1877 - 1878

BADEN BADEN
BURGUNDY
CHARLEY BUSH
DAN K
DAY STAR
EARL OF BEACONSFIELD
EARLY LIGHT
HEADLIGHT
HIMYAR
KING WILLIAM
LEONARD
LEVELER
LISBON
MALVERN
MCHENRY
MCWHIRTER
ODD FELLOW
RESPOND
SOLICITOR
VERA CRUZ

```
M L M C H E N E O D D F M C H E N R M D L
A E K M C H E N D B U R G U C H A E A A I
L O I Z M C W H I H D E B A D E N T L D S
M N N T U S I R E L E V E L M A L R V A B
L A H E A R L O F B E A C O N S F I E L D
I R I E E U C L I S R R D C O E M H E N M
S D M L A O R A S N A H M L E A C W A D A
B S Y L L R R O R T W B C C I R W C R D L
M O A I S I L O S E E U H H H G H M L A V
C L R S M I W Y M N V R M A Y Y H R Y Y E
W I O B C K A G L P R G C R D D C T S S E
H C F I L D O R N I T U W L N A H D O T N
I R T O D D F E M I G D H E U Y A A L E D
M O H E A D L C R N K H I Y G S R N D V L
R T D D I B H H I M Y D T B R T L A C M E
L M A L V E R N O L N V B U U E B D H C O
E N M D N M A L I O O E A S B N B A A W N
K D L R C H A N P A O R D H E N Z Y R H A
W A Y O A L I S B O N A E D H I M S L I A
O Y W O L L E F D D O C A C E V E R A C B
K I N G W R A L E O S B N H I M Y L E O N
```

1ST PLACE	1877 - BADEN BADEN	2ND PLACE	LEONARD
1ST PLACE	1878 - DAY STAR	2ND PLACE	HIMYAR

1879 - 1880 - 1881

ADA GLENN
ALFAMBRA
BANCROFT
BOULEVARD
BUCKNER
CALYCANTHUS
FALSETTO
FONSO
GETAWAY
GRENERAL PIKE
HINDOO
KIMBALL
LELEX
LORD MURPHY
ONE DIME
QUITO
SLIGO
STRATHMORE
TRINIDAD
WISSAHICKON

```
C A L H L B U C K Q S M S A D A G H B S G
B N N I E A Q U I N T K W C F A L I O T A
B O N N L A S T R A R C I R L A Q N U R T
U C U D O T T E S L A F S I E F U D L A R
C A T L T R I N P L T O S O R N I F O N I
K L E E E H I N Y W H Q U I G A K Q U I N
C K I M B V R C G B M F O N C I B C L E L
T F O R C N A B I U O G K D H A L E U Y A
B H I N D N L R S C R E Y H I R F S M B T
O N K S T H O I D K E T F F N B A R E L Q
U E O H N I R D D N H A O O D M D B K O U
O Y U K I N D A A L F A N C N A A O I R I
N S A N C D D O K A U E S A L F G U P D L
E O L I H I N D O O D M O D O L S L L Y E
D A F E N B H O F I D A F A R A L F A K L
O Q U I T O A A M L S I G G D W I W R I L
R A R B O U L E S M L X E L E L A P E M S
V T Q U I W I S S S I Q U I E T T B N B T
L O R D M U R P H Y I Q U I E N T A E A R
B U C K L W I S S O O W L G L T N N R L A
G E T S L I S L I T R I N A S L I C G L L
```

1ST PLACE	1879 LORD MURPHY – 1880 FONSO – 1881 HINDOO
2ND PLACE	1879 FALSETTO - 1880 KIMBALL - 1881 LELEX

1882

APOLLO
BABCOCK
BENGAL
HARRY GILMORE
HIGHFLYER
LOST CAUSE
MISTRAL
MONOGRAM
NEWSBOY
PAT MALLOW COLT
ROBERT BRUCE
RUNNYMEDE
WALLENSEE
WENDOVER

```
L O S T C A N W W E N B L O W E N D O V
B R U N N Y M E D E A L L A R U N N Y M
L O S T C A P N W B H I G H R L O S T N
O A N E W S B D C S B E N G W T L O S E
R P B A B C O O B M B L S A G T S N G W
B O N E S Y C V A I B O L L L H O I M S
E L B G R K M E B S M L Y O L A L A M B
N L R E F O T R C L E H C W O R R S E R
W O N H R C M Y O N Y W G E S G B M R E
E P M A L T Y L S R O O R N O B A B O Y
N W O R O R B E I L B A B N H A B A B L
D A N R S U E R L G Y O O B I B C B R F
O L O Y T N R A U N Y M A B G R O C O H
V L G G C N M R V C P R S A H C O O B G
H E R V A T W E N D E R R B F B B N E I
I E S U A C T S O L W A L A L E E E R H
G N A P N R O B E R T W E N H R N W T Y
H A R R Y G B E N G A L M I S T G S B A
```

1ST PLACE	APOLLO	2ND PLACE	RUNNYMEDE
3RD PLACE	BENGAL	4TH PLACE	HARRY GILMORE

1883 - 1884

ADMIRAL
ASCENDER
AUDRAIN
BOB COOK
BOB MILES
BOREAS
BUCHANAN
CHATTER
DRAKE CARTER
EXPLOIT
LEONATUS
LOFTIN
LORD RAGLAN
PIKES PRIDE
POWHATTAN
STANDIFORD KELLAR

```
E R B O B C O O K D L O F T A S C E A L
O R P O W H A T T A N D O C L E O N O P
A C A L I B O B C A P R O D R A K R R O
D S E L I M B O B A O A L O F T D E E W
M W A R L B O B M A W B O B M R T E T H
I R E D N E C S A S H L E O A O D P R A
P I K E M T K E S C B O D G E I H I A N
A P P G D I X D G E U R L L R D L K C I
D I I L O P R B R L C A B P A R O L E A
M K K E L E C A M O N E S U E A R O K R
I E E O H I H P L L F E A P C K D R A D
B B I N U N A P I L K I C O A H I D R U
O T L A I E T O K I A A D W S A A E D A
B D N T L B T W P L E O N N R A T N A A
C A F U O O E H B B U C H A A T E P A A
T O L S F B R L O R D A U D R T T R T N
L A D M T M L O R D O W L O R D S N O X
A S C E D R A K A U D R A U D R A S C B
```

1ST PLACE	1883 - LEONATUS	2ND PLACE	DRAKE CARTER
1ST PLACE	1884 - BUCHANAN	2ND PLACE	LOFTIN

1885

BERSAN
CLAY PATE
FAVOR
IRISH PAT
JOE COTTON
KEOKUK
LORD COLERIDGE
PLAYFAIR
TEN BOOKER
THISTLE

```
J K O T T H I T T T E B T K T T H I O L
K O N T A T L B I H J Y H K E F O K O P
E A E J R P A E F I O T I P N A I R I T
O S E C T E H R A I E H L L B V D E K E
C I R I O L S S V R Y I K A O C O P K N
L T H I E T F A I I P L A J O C L A E B
A T H I K S T N R R P L A L K P L A O E
K T J T E I J O E N I K E A E I P L A R
E E O E O H U I N R R R A E R C N C L A
O N E N P T K E O I I P L A T H I O N C
B E R N L C T Y A D B C L A R E B E R L
C L A I A L A F G Y E O E K E O B E R A
R K T H I A Y E E O R J K E O K U K E T
T T T E T A P Y A L C O H P L A I L R E
T H E N L U I T E N A E T E N T R C T N
H I N P J O E C L A T E N T R L I L E K
I S T E N T H I I R I D O H B E R A N E
A B E R E A R O V A F C R I S J O E K O
```

1ST PLACE	JOE COTTON	2ND PLACE	BERSAN
3RD PLACE	TEN BOOKER	4TH PLACE	FAVOR

1886

BEN ALI
BLUE WING
FREE KNIGHT
GRIMALDI
HARRODSBURG
JIM GRAY
LAFITTE
LIJERO
MASTERPIECE
SIR JOSEPH

```
A S F R E E J I M G R L I J E F F R S J
E I A H H B M B A H A R R O D R R S I I
T R B A A L B M J I M G R S U E E I R M
T J L R R U E A S L A F I T I E E R J G
I O U R R E N S I F F R E E K N K J O R
F S E O O W A T R F R L A F L G N O S I
A L W D D I G E G E B E T E A R S S L B
L A I J I M G R A Y L H E L F I R A H L
S I R J O S I P U H U A S K I M N L A U
L A F I T M R I P B E R I A N E N I R E
R H T R A N B E B L S R R H B I L J R W
B A I L P I S C E J I D L I J E G E O I
E R D W O O M E N E I J O R D R S H D Y
N I M N J I S I R J O S E R B E N A T E
A I E R P E E L A F I T G R R L A F I T
G N I W E U L B H A R R O D O A L I J E
E S T S I R J O S I G R I M A L H S J E
I H B L U E W I T G R I M A L J I M G O
```

1ST PLACE	BEN ALI	2ND PLACE	BLUE WING
3RD PLACE	FREE KNIGHT	4TH PLACE	LIJERO

1887 - 1888

ALEXANDRIA
AUTOCRAT
BAN YAN
BANBURG
CLARION
COL ZEB WARD
GALLIFET
JACKOBIN
JIM GORE
MACBETH
MONTROSE
PENDENNIS
THE CHEVALIER
WHITE

```
G G H A L E X A N M B A N B Y E N C C J
A A A E N M A C B A L E X M A N U J L I
L U M L W P P M M O N T A A C N A H A M
D T A E L I E A B A N B U C G C Y T R G
R O C O W I N C P B D A E B K N I A I G
A J B W H I F B E A A R E O J L L E N R
W I E M B A N E N N O G B X R W H I P U
B M B M A A O T T G E I J E I O R G H B
E G A O E I C H M A N A I A L E X A N N
Z O N N N L R I R U T L A J A C K O B A
L J B T A P J D O T A A N R M A C B J B
O A U R G E A A N V T A R C O T U A A M
C C I O C N R A E A G A L L A M H N C A
A O C S E T I H W C X A L E X B A N Y C
N E J E E I C A L D B E J A C K O B J B
C P E N D E N N I S O R L P E N I G I E
L I O A H A N I I W H I K A N N E N M A
A D D T A M A C B C J O J I M W H I G R
```

1ST PLACE	1887 - MONTROSE	2ND PLACE	JIM GORE
1ST PLACE	1888 - MACBETH	2ND PLACE	GALLIFET

1889 - 1890

BILL LETCHER
BOOTMAKER
CASSIUS
HINDOOCRAFT
ONCE AGAIN
OUTBOUND
OUTLOOK
PALISADE
PRINCE FONSO
PROCTOR KNOTT
RILEY
ROBESPIERRE
SPOKANE
SPORTSMAN

```
S P O R T S M A N O U T H A T S P O O D
B I L L E P C A S S I L T R O I U T O
T Y P R I N C A A S N Y O S O E T S R U
E O E D S K S H L D N N S P B L R P E T
E N O L U T P O O I K R L O O O O O K B
O C N B I E O O E R S O A O H U N R A O
N E C I S R C N O R R A K O I T C O M U
C A E L S R P T M K R L D P N O E B T O
E K A L A I C R O U T E C E D N A E O N
A C G F C O L T I L P D I N O C G S O C
G A T A R T S P O N N R R P I E A P B E
F S R P O S P O K U C E I R S A I N R A
H S T H E N A K O P S E L I R E N A O G
I I B O O T M B S P O R F L I E B N B B
N R R E H C T E L L L I B O L O L O E I
D O U T B U A O P A L I S A N R O B R L
O O U T O E N P R I N C E L U S R I L L
O N C P A L I S A O N C E A G U O N E L
```

1ST PLACE	1889 - SPOKANE	2ND PLACE	PROCTOR KNOTT
1ST PLACE	1890 - RILEY	2ND PLACE	BILL LETCHER

1891 - 1892 - 1893

AZRA
BALGOWAN
BOUNDLESS
BUCK MCCANN
HART WALLACE
HIGH TARIFF
HURON
KINGMAN
LINGER
LOOKOUT
MIRAGE
PHIL DWYER
PLUTUS

```
S H H A A B L B A L K I N G A B O U N L
T U A A Z A I H I G H F R P E A Z H U R
M R N A L N H B P H I G L R E L I N G
H I O A N T G U U H L Z M U K I N G O B
I A R E A A W R C I H R I T A L H N H F
G A U A G E M A K L E U R P Z I I H F T
H Z H W G R A G L G A P A H H N G I U K
I L O O K E A L N L H S O I I G R A Z I
S P L U T B U I G I A R O L G A A B K N
S B O U U O L M L A K C U H T P L A I G
E K I N G U R D A Z A A E H N H O L N A
L B A L G O W A N B G O G O N I O G G U
D A R Z A Y B U C O U I L O O L K H U R
N B U C E K I N G U H F B O U N O P N H
U F R R N M I R I N N F P H I P U L B I
O P L U T N N A C C M K C U B L T I A G
B B A L G L O O K H L P L U T U F N L H
A H P L U P L U T U S I L O O T A G G F
```

1ST PLACE	1891 KINGMAN – 1892 AZRA – 1893 LOOKOUT
2ND PLACE	1891 BALGOWAN – 1892 HURON – 1893 PLUTUS

1894 - 1895 - 1896

AL BOYER
BASSO
BEN BRUSH
BEN EDER
CHANT
CURATOR
FIRST MATE
HALMA
LAUREATE
PARSON
PEARL SONG
SEMPER EGO
SIGURD
THE DRAGON
THE WINNER
TOM ELMORE
ULYSSES

```
F P A R S U L Y S P T B E N B R U C H A
H I A H S U R B N E B S P T H E W I N A
T N R L B E N E D A E I T N P A R S E F
H A L S B T H E D R A G O N W C P F T I
C U R A T O R S C L A U L E G H E I H R
U U A F C M Y H T S L R S R O A A R E S
L L S I U T A E E O B D T O N L O S D T
Y Y I R R N U T R N O H A M B O S T R M
S S G S T C H A E G E S O L E S S M A F
S O U T S I G U R W T E U E N I A R E I
B N G M T H E D I C H M L M E G B T A R
E S E E C U R N M H E A Y O D U A F S P
N E A R R N N I E A D A S T N E E I H B
E S R E D E N E B E M A S N R T T R A S
D S E O R S P E A L T H E U T H S S L I
A Y U L Y S S M A T H E A M H E I T O G
C L C U R A T H E E M L T I E W G M N U
H U E S E M P E R S B E N B R I U H A L
```

1ST PLACE	1894 CHANT – 1895 HALMA – 1896 BEN BRUSH
2ND PLACE	1894 PEARL SONG – 1895 BASSO – 1896 BED EDER

1897 - 1898 - 1899

BEN BROWN
CORSINI
DR CATLETT
DR SHEPARD
FONTAINEBLEU
GOSHEN
HAN D OR
HIS LORDSHIP
ISABEY
LIEBER KARL
MANUEL
MAZO
ORNAMENT
PLAUDIT
TYPHOON

```
H G O S N E M A L I E B E R L I E B E R
F A C P E I T Y P H O N R C O R S I T A
N S N E H S T Y P H O W R D R C A T L P
O O Y D S A I N I S R O C C O R S I N L
R L O E O B N T M I O R S M H I S L O A
N B E H G R T T A S I B A T L I E B T U
I L E O P F O N T A I N E B L E U T D D
S H I E O Y C O R B U E M A N U E R D M
A I O E R A T A M E P B I S A L S D R A
B S R L B C O R L Y T Y P H T H S R S N
I L N T N E M A N R O E M A E M A C H U
S O A M E R R I S A O U C P D E P A D D
A R M A C O R K O Z I R A L R D L T R R
C D E C O R S I A Z D R L I S H A L S C
O S C O R S I M O R D S I E H A U I H A
R H D H D R C A T L L O E H E N D S E T
S I R P L A U P L A U D I T P D M A P L
I P C N D R C A T L B E N B R O A B S N
```

1ST PLACE	1897 TYPHOON – 1898 PLAUDIT – 1899 MANUEL
2ND PLACE	1897 ORNAMENT – 1898 LIEBER KARL – 1899 CORSINI

1900 - 1901 - 1902

ABE FRANK
ALAN A DALE
ALARD SCHECK
AMUR
DRISCOLL
FLORIZAR
HIGHLAND LAD
HINDUS
HIS EMINENCE
HIS EXCELLENCY
INVENTOR
KENTUCKY FARMER
LIEUT GIBSON
SANNAZARRO
THE RIVAL
THRIVE

```
A L L O C S I R D A A L A R D S C H H T
H I N D D R I S C O D A S L K I N V I H
A L A N A D A A R A S L H T N L Y L G E
S E L R E R U A L T A A I H A A C I H A
H Y V N L C Z D F H N R S E R D N E L K
S H E I A I N I I R S D E R F R E R A E
T I I N R A E E N A V S X I E I L A N N
H S H O L H F U N V N C C V B S L B D T
R E L H N U T N T I E H E A A C E E S U
I F G F L O A N L G M N L L O O C F A C
O I S A N Z L I E U I E T E N A X R N K
H L A L A N A D A L E B S O O L E A N Y
A L D R L N T H R I E H S I R A S L A F
B A R L A A M U R H I Z A O H R I I Z A
E O H I S E X C E N T H R I N D H E A R
F L K C E H C S D R A L A U E S R N R M
H I S E M I N U C F L O R I Z C S A N E
V H I N D C S H I S A L A R D S C H I R
```

1ST PLACE	1900 LIEUT GIBSON – 1901 HIS EMINENCE – 1902 ALAN A DALE
2RD PLACE	1900 FLORIZAR – 1901 SANNAZARRO – 1902 INVENTOR

1903 - 1904 - 1905

AGILE
BAD NEWS
BOURBON
BRANCAS
EARLY
ED TIERNEY
ELWOOD
JUDGE HIMES
LAYSON
PRINCE SILVERWINGS
PROCEEDS
RAMS HORN
TREACY
WOODLAKE

```
B O U R B S O Y Y P R O C E E A L A S B
O W W B W G I A E E A R J U D G E H I O
R D S A C N A R B N E R A M S H O J A U
A E E D M I L A Y S R B W L A Y S U J R
M L L N R W L A Y S M E O G E L E D U B
S W W E T R E A C Y P N I U R A L G D Y
H O O W E E P R O C E E P T R Y W E G E
O O E S A V W A D J C N D N D B O H E D
R E L W O L G R U S E O R L S E O I H T
N B O U R I S D D W O O D L A K E N I I
S B T O L S G E U W L B N A L Y E R E E
B O R E E E I L B A R S I R W S U A R
O U E L H C B E M A Y A J U D G E O R N
U R A I O N A D C D S N O O L A Y S N B
R B M R O I D T R E A C P R O C E E W A
B E P Y L R A E A I C E L W O W O O D D
S L A Y S P E D T I E R N D B R A N C N
L A Y S E L W O A G I G O J U D G E H I
```

1ST PLACE	1903 JUDGE HIMES – 1904 ELWOOD– 1905 AGILE
2RD PLACE	1903 EARLY – 1904 ED TIERNEY – 1905 RAMS HORN

1906 - 1907 - 1908

BANBRIDGE
BILL HERRON
DEBAR
DUNVEGAN
FRANK BIRD
HYPERION
JAMES REDDICK
LADY NAVARRE
MILFORD
ORLANDWICK
OVELANDO
PINK STAR
RED GAUNTLET
SIR CLEGES
SIR HUON
STONE STREET
SYNCHRONIZED
VELOURS
WOOL SANDALS
ZAL

```
Z S O H Y P E S E H L D W D S S T O N E
J I K D M I L I D Y A U O U I R S I R N D
A R W S N R B R H P D N O N R U T T O R O
M H O I D A O C Y E Y D E B H O E I F E R
E U O R N F L L P Z N D E B U L R L R D E
S S L H L J R E D G A U N T L E T A A G D
D D S I K A N G V O A L N E P V R D N A G
L E M D C M O E G O W O O Y D E B Y K F A
A R N E I E U S R E D G H S T O N N N R K
D B A B D O H D E Z I N O R H C N Y S A S
Y I B B D M R D I T G M I L F O J A M L B
N L A L E O I L A N E L N P O V E B A R B
A L N A R D S S A O V E B A I Z A D Z I S
V H B D S B A N B N A B R G K N N Y L S I
A N A G E V N U D R D N T T B A K L R T R
R S N O M N S I R H U W C R S A H S S O H
R T F R A N K B I R D U I L E E R M T N U
E O N R J W O O L S N D O C R O N I B A E
P N F R A N K B I L G O A R K L S O E Z R
N E B I L L H N I E W N O M I L F O T O D
J A M E S S T O N E E N I N V E L O U S D
```

1ST PLACE	1906 SIR HUON – 1907 PINK STAR – 1908 STONE STREET
2RD PLACE	1906 LADY NAVARRE – 1907 ZAL – 1908 SIR CLEGES

1909 - 1910

BOOLA BOOLA
CAMPEON
DIRECT
DONAU
DR BARKLEY
FIGHTING BOB
FRIEND HARRY
GALLANT PIRATE
JOE MORRIS
JOHN FURLONG
MATCH ME
MIAMI
MICHAEL ANGELO
SIR CATESBY
TOPLAND
WARFIELD
WINTERGREEN

```
L C M B W I N T E F I G H T I N G B O B
B G H Y O D I R D W A R F I E J S O M C
D O N A U O G I T N T P E S D C C L D C
M G M O A I L C L F A D D I I H A E I A
A R A B L J E A T R P L F R R N M G R M
T D R B A R I L B I R R P C E F P N E P
C I M A I M U E C O I D U O I L E A S E
H N N D D O N F E E O T O P T R N L I Y
W E T A R I P T N A L L A G A E S E R E
A J O H N F U D A H J M A P E T I A C L
R D R B A R H M R O O M A R T O R H A K
F I J C C A M P E O N J G T U P C C T R
I B O G R W U M G E A R O R C L A I E A
E O H R M T O B A A E O M I A H E M S B
L O Y D I R D O L T C A M P E I M A B R
D L L O R W O O N F I G H T I B A E Y D
R A G I D I N I D R B A S I R C A T I J
U H S E C N W D I R S I R C A T G A L L
```

1ST PLACE	1909 WINTERGREEN	2ND PLACE	MIAMI
1ST PLACE	1910 DONAU	2ND PLACE	JOE MORRIS

1911 - 1912

COL HOGAN
COLSTON
DUVAL
FLAMMA
FREE LANCE
GOVERNOR GRAY
GUARANOLA
JACK DENMAN
MERIDIAN
MUD STILL
ROUND THE WORLD
SONADA
WHEELWRIGHT
WORTH

```
J A C K D E N L N C H M H D A E C C W M
N F A G N S O N O R T E L A O W O O L U
A R M T O A T L A O R R N D C H L L C D
M E W O R V S S O N O I W U O E M S C J
N E W O R T E K S W W D O V L E U T O A
E L I A O W H R E C O I R F S L D C L C
D A N N R O U H N L O A C R T W S O S K
K N W O R R T A I O E N O E C R T L T D
C V D U V D D D K M R C L E H I I S H E
A A L O N A R A U G L G N W H E E L W R
J D N U N W W D W M N O R A N D U V A L
S M O O L H S W O E T A R A L F L A M Y
G R S E R T I E R R G R G L Y E F L A M
U C O L I C E C O L S T O O N L E J W M
A O L L C O L H O G M U D S H H G R N E
R E L L M U D S T I F R E E R L S O F R
A G U A R A N O R F A M M A L F O D L I
N C O L S K W H E E L W R I G H T C Y D
```

1ST PLACE	1911 MERIDIAN	2ND PLACE	GOVERNOR GRAY
1ST PLACE	1912 WORTH	2ND PLACE	DUVAL

1913 - 1914

BRONZEWING
DONERAIL
FOUNDATION
GOWELL
HODGE
JIMMIE GILL
JOHN GUND
LEOCHARES
LORD MARSHALL
OLD BEN
OLD ROSEBUD
SUPRISING
TEN POINT
WATERMELON
YANKEE NOTIONS

```
N G M Y A N K E E N O T I O N S T E N P
I D N M H O D T R G D L O L O R D M A N
L E O I E E O N N L G N E N J I O L D B
G O W E W N H I F O U N U I S U P R I S
O J J H L E S O O L D B M G B R O N Z E
L I O O O I Z P D G N M N J N B R O N Z
D M H D R O H N N G I L O I O H G H O D
B M N P D H O E O E E O L M S W O H O D
G R U U M O D T G R S R E M U A W J N M
E S H E A D L I D N B D M I P T E A A D
O L D R R O L D B E N M R E R E L U O P
U H O D S L L O R E D A E W L G L N S W
S E R A H C O E L O O E T A E A E G U F
N O I T A D N U O F S Z A T O R A O P O
G W O E L B R O N Z E E W E A G N W R U
O A L L L O L D R O S E B I O L D B I N
W T D S U P R I S D O N L U G O W E S D
E T E N P O I J J I M M I E R D T E N P A
```

1ST PLACE	1913 DONERAIL	2ND PLACE	TEN POINT
1ST PLACE	1914 OLD ROSEBUD	2ND PLACE	HODGE

1915

BOOKER BILL
DORTCH
DOUBLE EAGLE
ED CRUMP
EMERSON COCHRAN
FOR FAIR
GOLDCREST BOY
LEO RAY
LITTLE STRING
NORSE KING
PEBBLES
REGRET
ROYAL
SHARPSHOOTER
TETAN
UNCLE BRYN

```
R L F O R F A L N O R L I T T L E S T D
O I G N H F D E B O O K E R B I L E O O
Y T T N S O B O O K E R B I L L R L G U
T E T R I R L R R R A R R D N E O O D B
D R L H I R E A S T E E E O O C L E O L
O E I S E A T Y E D C G R R R D T P R G
U T T S E L F S C P H H O T C F E G N F
B O T E R E G R E T U B Y R D O T I L O
L O L L R O U B O L L N E D O R K E I R
E H E B T M D O R F T S C O U E R G T F
E S S B P S O O E E T T R L S P E B B L
A P T E L E R K G B E R I R E B O O K P
G R L P I L A Y O R B T O L E B O O G E
L A E N T S D Y T E T N A N N A R T O B
E H O G T L I T T L E S T A F O R Y L B
O S R A G O L D C R E S T R E G R L N L
N A R H C O C N O S R E M E G O L D C R
L L I T T L E S T L T G O L D C R E S P
```

1ST PLACE	REGRET	2ND PLACE	PEBBLES
3RD PLACE	SHARPSHOOTER	4TH PLACE	ROYAL

1916 - 1917

ACABADO
BERLINE
CUDGEL
DODGE
DOMINANT
FRANKLIN
GEORGE SMITH
GREEN JONES
GUY FORTUNE
KINNEY
LENA MISHA
MANISTER TOI
MIDWAY
OMAR KHAYYAM
RICKETY
SKEPTIC
STAR HAWK
STAR MASTER
STARGAZER
THE COCK
THUNDERER
TICKET
TOP O THE WAVE
WAR STAR

```
S R L A A S T A R H O M T H E C S T A R G
T D E E E C Y A G S M A T E S C D O D G E
A M A T N L A N E K A N S N G U Y F O O A
R Y C H S A V B O E R I T D A D O D N G Z
M A A E N A M G A P K S A S T N C U D G G
W W T H U N M I L D E T R T H R I I E U S
T D T H U N D R S V O E M A E A U M Y E K
N I L K N A R F A H R R L R C T S F O K E
E M D W R Y A W T T A T E M O S O S N D P
S E N O J N E E R G S O N S L R G R E E T
G U Y F O H E N T G U I A U T A S E R G R
S K E P T I C H N T E R M U S W T L E S T
T W I O H O E C K I D O N I K G A E R T F
H W P R I C U W S C K E R D E E R N E A R
U O E M O D A O O K J R Y G P O G A D R A
T C W C G H A C A E K T K R E R H M N G N
S U K E R K I N N T E T D E C S A M U A K
K D L A A O M A R K H A Y Y A M M C H Z B
E G T O M A R K C G R E E N G E S I T E E
P S R A A E N I L R E B M A N I S O T R R
F R A N K N R E M I D W I T S T A R H H L
```

1ST PLACE	1916 GEORGE SMITH	2ND PLACE	STAR HAWK
1ST PLACE	1917 OMAR KHAYYAM	2ND PLACE	TICKET

1918 - 1919

AMERICAN EAGLE
BE FRANK
BILLY KELLY
ESCOBA
ETERNAL
EXTERMINATOR
FROGTOWN
JAS T CLARK
LUCKY B
REGALO
SAILOR
SENNINGS PARK
SEWELL COMBS
SIR BARTON
ST BERNARD
UNDER FIRE
VINDEX
VIVA AMERICA
VULCANITE
WAR CLOUD

```
R R O T A N I M R E T X E W A R C L O R S
E U N D E R E X T E R M I N K U N D E R E
L R S I O A E X T E R V Y R R S R E G A W
U E I I R C L L R E G R U G A E S E E F E
C S R F U I B S A I L O R L L R A T X R L
K U B R R R J A S N B I L G C L I E T O L
D R A N R E B T S S R N A C T A L R E G C
R S R V F M D J A S T E U L S U N S R D O
A E T I R A E N N L N K T N A L E I U V M
J W O V O A S A U A N N B E J O R O T U B
A E N A G V C A C S O I S E W E L L T E S
S L R A T I O I L F L S A I L C E X T E R
T L F M O V R N R L E X T V R E S C O V B
C C R E B E A O Y E L E A A I V I N D U E
L O O R M L G K I A S E W I R N X T S L F
A S G A B T E A I C L U C K B E D E I C R
V I T D O L N I O A S S A I L Y G E R A A
I R A W L O B B L S T B E R N A K A X N U
V B N Y U A A B I L B E F R A N K C L N N
A S E N N I N G S B F R O G T O I I U O D
A A A S E N N I N G S P A R K W A R C L E
```

1ST PLACE	1918 EXTERMINATOR	2ND PLACE	ESCOBA
1ST PLACE	1919 SIR BARTON	2ND PLACE	BILLY KELLY

BERSAGLIERE
BLAZES
BY GOLLY
CLEOPATRA
DAMASK
DAVID HARUM
DONNACONA
HERRON
ON WATCH
PATCHES
PAUL JONES
PEACE PENNANT
PRINCE PAL
SANDY BEAL
STERLING
UPSET
WILDAIR

```
N I S T E R L I B Y G B E R S A G C S P
S D A V I D H I H S E Z A L B D A M A R
E T U B Y G O L C D O N N A C O N A A I
B S E P A T C H T T U P S N W I L D A N
E A E R E I L G A S R E B S A N D J G C
R N R P L S R H W A W I L D A A U P S E
S L H E R I E A N B L A Z P V T B H W P
A B A P N R N H O A S A P I O N Y E I A
G E Z E R S J G C R R N D S N A G R L L
D R D O B E P G I T N H S A W N O R D P
O B N H D Y E A A B A U T N A N L S A A
N E B E O S D P U R L P E D T E B T P U
P R Y R N L O N U L N L R H W P Y E A B
A S G R I E T M A O J T L E I E G R U Y
U A O W L C L E O S E O I R L C O L L G
L G L C O D A M A S K A N R D A L I J O
J O B Y G O L T P D O N N E A E L H O L
O J H D A M A U S A N D Y B S P Y P A U
```

1ST PLACE	PAUL JONES	2ND PLACE	UPSET
3RD PLACE	ON WATCH	4TH PLACE	DAMASK

BEHAVE YOURSELF
BLACK SERVANT
BON HOMME
CAREFUL
COYNE
LEONARDO
MUSKALLONGE
PLANET
PRUDERY
STAR VOTER
TRYSTER
UNCLE VELO

```
A B B S T A R V L R T R Y P R U D E R C
C L L N C S E L E E F T R Y S T P O U A
A A A T A M T U O T T R Y S T G L S N R
R C C R R L B F N O B O N H O L A B C L
E K O Y E E C E T V N L C O Y E N O L E
F U Y S F O O R H R E R L P R O H N E O
S N H T S N Y A A A E T B R S N U H B N
T C S R T S R C S T V L C U T A N Y O A
A L T M A E R P S S A E O D A R C P N U
R P A U R D M Y R C G M Y E R D L L P N
V R R S V R R M K U A U N O V O E A R C
S U V O A T N S O K D S E T U T L N U L
T L E O N A E V N H T E P L A R U N C E
A M U S K R C A R E N A R U N C S C O Y
R O L E V E L C N U K O E Y B O N E T U
V R A A T R Y A P L A N B B L A C K L H
A R N P L A L A M U S K A L L O N G E F
N T U N C P L S U N C L E O C B O N H O
```

1ST PLACE	BEHAVE YOURSELF	2ND PLACE	BLACK SERVANT
3RD PLACE	PRUDERY	4TH PLACE	TRYSTER

BET MOSIE
BUSY AMERICAN
BY GOSH
DEADLOCK
JOHN FINN
LETTERMAN
MORVICH
MY PLAY
STARTLE
SURF RIDER

```
E L A B M O R V I L E T T E R B E T M S
M E D E R A B M S T A R T M O R V I E U
M T E T T I Y O B E T M O S U R F R I R
O T A R S L G R L B Y G O S U R F R I F
R E D E T E O V E L E T T S T A R T B R
V B L D A T S I T T M M O R V I C H E M
I E O I R T H M T B R N L E T T E J T Y
I T M R T E B O E T E F N B E T M O M P
F M Y F L R Y R R L T T S I P H J H O L
S O P R S M G M K B E T M R F M O N S A
T S L U T A O C O M Y P L O C N H F S S
A J R S T N O E A S S U R F S I H I T U
R O M Y P L A Y T D E A D L S I O O A R
T H C E D E I A M O R V I L U M E B J F
D N N A C I R E M A Y S U B R O S E T R
E F E H I T B Y G M O R V I F R A T Y I
A D L F L D E A S U R F R I R V M Y P L
D O C E M Y P L S U R F R I I I B Y G O
```

1ST PLACE	MORVICH	2ND PLACE	BET MOSIE
3RD PLACE	JOHN FINN	4TH PLACE	DEADLOCK

ASPIRATION
BETTER LUCK
BO MCMILLAN
BRIGHT TOMORROW
CALCUTTA
CHERRY PIE
CHITTAGONG
ENCHANTMENT
GENERAL THATCHER
GOLDEN RULE
IN MEMORIAM
MARTINGALE
NASSAU
PICKETER
PRAVUS
PRINCE K
RIALTO
THE CLOWN
VIGIL
WIDA
ZEV

```
T R L N A S S E P R I N C U I M P R A V B
N T E C A L C U T N C O C P N S M G N R O
A A T T U C L A C S A T A R M Z A O A L M
S E T A E C H I T A L L W A E T R L S W I
C H L E T K A O G P D A I V M P I C S B T
M H M A U E C H R R B I R W O R B G G R H
A B I H G L B I E I O R W L R R S O O I E
S R I T M N N E P A M E T I I A T L L G C
P I N P T C I V T L C N S G A S N D D H L
I G M O E A V T S T M C H I M P E E E T O
R H E K V I G U R N E T S V M I M N N T A
A T M B R I V O W A T R R Z N R T R R C S
T U A S S A N O N O M V L A O A N D I H P
R I A L R C L B M G C N L U K T A H N I I
P R A P R C L O R I A L R K C E H B M P R
G O L D E N R U L E I R I A L K C R E R A
P A O H T R C H I M C H I T T A N I M I T
I W T E O B O M C B O M C M I L E G O N I
C I O W B O M M B R I G H T T E A H R C O
I N M E M S O C H E R R Y P I E P T S Z N
G O L D E B R E H C T A H T L A R E N E G
```

1ST PLACE	ZEV	2ND PLACE	MARTINGALE
3RD PLACE	VIGIL	4TH PLACE	NASSAU

1924

ALTAWOOD
BAFFLING
BEAU BUTLER
BLACK GOLD
BOB TAIL
BRACADALE
CANNON SHOT
CHILHOWEE
DIOGENES
KING GORIN
KLONDYKE
MAD PLAY
MODEST
MR MUTT
NAUTICAL
REVENUE AGENT
THORNDALE
TRANSMUTE
WILD ASTER

```
T C A N N O N S T H O C H I L H O W E E N
B K U G I C H I L H O W N I K T T B T T Y
B L Y B N U R M R M U M A M I R M L H R A
R O A D I I A E E R K L U O N A O A O A L
A N G C D O L L L E I I T D R N D C R N P
C D H T K R U F A T N A I E E T E K N S D
A Y N A U G L L F S U T C T V B T G D M A
D K T S E D O M C A A B M H E L M U A U M
A E K L O N D L N D B O U O N A B K M P T
D T B L A C K G D L R B U A U C E L T R F
I A R S E N E G O I D A L T E K A O R G M
O E I A T R A N S W L A O G A B U N A K B
E L A D N R O H T T C H C W G T B D I C P
M A D P L S T E A I S M H I E R U N T H B
B W I L D A M W T N D A I L N A G H R I R
E B O B T A O U O A I D L D T G R O A D A
A M A D P O A N T D O P H A O A L T N I C
U K L O D N N G S E G L O R M R M U S O A
B B R A C A D A L E E L I K L O N D Y G D
U M O D C B L A C K G N K I N G G O R E A
T K I N G G O R N A U T I C M A D P R N O
```

1ST PLACE	BLACK GOLD	2ND PLACE	CHILHOWEE
3RD PLACE	BEAU BUTLER	4TH PLACE	ALTAWOOD

1925

ALMADEL
BACKBONE
BOON COMPANION
BROADWAY JONES
CAPTAIN HAL
CHIEF UNCAS
ELECTOR
FLYING EBONY
KENTUCKY CARDINAL
LEE O COTNER
NEEDLE GUN
PRINCE OF BOURBON
QUANTRAIN
SINGLE FOOT
SON OF JOHN
STEP ALONG
SWEEPING AWAY
SWOPE
THE BAT
VOLTAIC

```
G A A L M A D C T B O O N C O M A Q R L N
N N C H I E F U N H B O O N C O M U O E E
P L O A S A C N U F E I H C S F F A T E E
B E Q L E L E C T A U B P E W A L N C O D
O E Q U A N T R A I N C A I O L Y T E C L
O S S W O P I A L M A D B T A M I R L O Y
N V O C A P E V O L T A A C A A N A E T N
C B Y N K E N T U C K Y C A R D I N A L O
O O R A O H E C S S E E K C T E S E S L B
M E N O W F I E I E S P B H H L W L I A E
P S W O A A J N L R I B O I E G O E N H G
A P R L T D G O E W N R N W B S N B G N N
N R O L B L W N H N G O E W S E E O L I I
I I O T E N T A I N L A N W E F L O E A Y
O V D F G O E T Y P E D U D G N E N F T L
N P O S C V O L T J E W L S T E C C S P F
D O N O B R U O B F O E C N I R P O T A S
T W E E P V O L T A G N W E E L P M E C O
S E P R I N C E O U O F E S L E R S P S N
L N E E D L E G N L E E O S E E I W A W O
T B R O A D W A C H I E F U N R N O L E E
```

1ST PLACE	FLYING EBONY	2ND PLACE	CAPTAIN HAL
3RD PLACE	SON OF JOHN	4TH PLACE	SINGLE FOOT

BAGENBAGGAGE
BLONDIN
BUBBLING OVER
CANTER
CHAMP DE MARS
DISPLAY
ESPINO
LIGHT CARBINE
POMPEY
RECOLLECTION
RHINOCK
ROCK MAN
ROYCROFTER

```
R B Y E N I B R A C T H G I L R H E O C
H U R H R O Y C R O F T E R O C G E N N
I B N H L I G H B L R B L O N A N O I N
N B U B I C H A L I E L R P G A R D P L
O P O M P N R R O G V I I G P K N O S P
R O Y C R O O H N H O G A C D O T M E R
R O Y R N E R C D T G B C E L R O Y E B
S C H A E P O E K C N C H B R H I C E L
L R B A G T Y K T E I A A R A P O R L O
D B A P O M N N G B L N M O R L D P E N
I A R M B U B A N R B T P Y L B I O S D
S G O G E R B K C K B I D E L L S M P Y
P E C R D D B L O N U G C N O O P P I L
L E K Y A L P S I D B T E S P I L N P I
P O M P E Y D M Y Y I P B U B B L I O G
I E A D I S P L A O A B A G E N B N M H
O O N R O C K M N H D R B U B B L I P T
R O Y C C A N T A C C N P B U B B L I C
```

1ST PLACE	BUBBLING OVER	2ND PLACE	BAGENBAGGAGE
3RD PLACE	ROCK MAN	4TH PLACE	RHINOCK

BEWITHUS
BLACK PANTHER
BOSTONIAN
BUDDY BAUER
FRED JR
HYDROMEL
JOCK
KIEV
OSMAND
RIP RAP
ROLLED STOCKING
ROYAL JULIAN
SCAPA FLOW
WAR EAGLE
WHISKERY

```
O S M A S C A P A F L H F D B B R B L R
B E W I T H B O B L A C R R O U I L W O
F E W S Y S E B S L K I E H S D P A H L
R J O D R B W A L M I U D Y T V R C I L
E W A R E A G L E A A A J D O B E A S E
D E N S K H Y D R B C N R R N U B I K D
R S R A S K H J Y H E K D O I D L W K S
O U I W I I U D W Y O R P M E D A A I T
Y H P H H N D P H D O K I A N K C R H O
A T R I W U O U I Y T B R B N S K E F C
L I B S B D B T A J G K R L E T H A R K
J W E K H Y D L S O C A O A S Y H G E I
U E W E E R J N D O J C Y C D J O E D N
L B I W V U I R J Y B A A R B O S T R G
R F W O L F A P A C S E O R B E W I T H
I R R I P R A P T F C M B O S T O N I H
P E A L J O S M A O E K R O Y A L J U L
R N B E W I T H O L R C Y A L J U L T D
```

1ST PLACE	WHISKERY	2ND PLACE	OSMAND
3RD PLACE	JOCK	4TH PLACE	HYDROMEL

1928

BAR NONE	B O N C A R T A I O T P O I A E I T R O S
BLACKWOOD	Y V A T O R O D I N B E L E L N S U N B E
BOBASHELA	T E G K Q S Y O U L D T A N E T O L T D N
BONIVAN	C N L N E O R O E I U E W O H T Y P Y O H
CARTAGO	H T O W S R C E S D I S T N S B O B P N D
CHARMARTEN	A D H O A H V T Y B N E T R A M R A H C I
DISTRACTION	R O G V G L R C C A R D O A B D I S O B S
DON Q	C N I I O A A O A A L E O B O M B R O O T
JACK HIGGINS	T T E N C R J O R D A P P V B A O R N N R
LAWLEY	O R R T T E A M T L O R G L E R N E I I D
MARTIE FLYNN	J E I A D O C L A I A O A N E L I P J V O
MISSTEP	C O G A V I K A O R T R W B I V T L A R O
PETEE WRACK	N O C A R T H W L I T E I K W L I E C E T
REIGH COUNT	S P E T S S I M A M U I O U C N L N K P Y
REIGH OLGA	O C S O R T G E W A O S E V R A K O L L P
REPLEVIN	R C H A R M G T E R E I G F E I L I R E H
SORTIE	J A C K H P I B B L A C K G L T O B T T O
STROLLING PLAYER	M A R T B O N I V A N P E T E Y R V S P S
SUN BEAU	S U N B E U S M A R B O B A S P N I O E D
TORO	T Y P H S D I S T Y P H O S U N B N R T I
TYPHOON	R E I P E T E E W R A C K O A C H A R M S
VITO	

1ST PLACE	REIGH COUNT	2ND PLACE	MISSTEP
3RD PLACE	TORO	4TH PLACE	JACK HIGGINS

1929

BAY BEAUTY	U P S E T Y C A P B L U E L A R K S P U R
BEN MACHREE	M T H E N T E P A B R I Y T U A E B Y A B
BLUE LARKSPUR	I T H E W I P N R L A C H I U A U L B U P
CALF ROPER	N C T C I C R P A U E M I N O T A U R A C
CHICATIE	O A A H N Y I A P B T L C L Y D E V U R R
CHIP	T L R I E D N N H U L B A Y B E A L A U T
CLYDE VAN DUSEN	A F W P E N C C R P O A T C N U B H P E C
ESSARE	B R I N A I U H A S V N D P H U I A E R L
FOLKING	E O N A C W E T S E C A L E N I H E S A Y
KARL EITEL	N P D I C L R N E T S T N Y A S C S S S D
LORD BRAEDALBANE	M E Y S A A Y S N L A L A C I R E A A S E
MINOTAUR	A R C H L R C D C P O N T A U P B D T E V
NAISHAPUR	E E R H C A M N E B L N N P E R F D H I V
PANCHIO	B F P A N C H C R V L E S C H I O S R R E
PARAPHRASE	A O O I H C N A P I A E T L D N L G E O I
PAUL BUNYAN	Y L K A R I T H E N T N I I U C N B P M L
PRINCE PAT	B K C H R K A R L L I H D I E I F E E I N
THE NUT	E I A P E S S A A P A N C U K L P N S N A
UPSET LAD	C A L F R O P D C A L F R L S C R M S O I
VOLTEAR	H L A P R I N C E K A R O Y B E C A A T S
WINDY CITY	C H I C A P A R A P H F P R I N N S K A H

1ST PLACE	CLYDE VAN DUSEN	2ND PLACE	NAISHAPUR
3RD PLACE	PANCHIO	4TH PLACE	BLUE LARKSPUR

1930

ALCIBIADES
BREEZING THRU
BROADWAY LIMITED
BUCKEYE POET
CRACK BRIGADE
DICK O HARA
GALLANT FOX
GALLANT KNIGHT
GONE AWAY
HIGH FOOT
KILKERRY
LONGUS
NED O
TANNERY
UNCLE LUTHER

```
E E E D A G I R B K C A R C S D D N Y L
G A L L A R T B K L D G A L I E N R G H
B U A L C I B U I O I R I C T L R G A H
U R H O D E N C L N C I K I G E G A L I
C H L S G N R K K G K O M Y K B O L T G
K T R D O A G E E R H I A L N R N L A H
E G Y E N A L Y R A L E I R E E E A N F
Y N E N H C K L R Y R K T A N N A N N O
E I U N C T E A A G A L C I B I A D E S
P Z L O N G U W A N G A L L A N B C R H
O E B R E E D L F Y T W E L G O N C Y I
E E L O N A L L E O A K D G O A R R R G
T R W Y O A L O N L T W N N I N T A D H
C B L R N C R A C K C Y A I D A G C I F
R G B T O Y H I G H F N L E G T B U N O
A O F B H I G H F O N S U S N H L H S G
H O E A L C I B I B U C K E Y O T L O N
X G A L H I G H F O O T A L C I G G A L
```

1ST PLACE	GALLANT FOX		2ND PLACE	GALLANT KNIGHT
3RD PLACE	NED O		4TH PLACE	GONE AWAY

1931

ANCHORS AWEIGH
BOYS HOWDY
INSCO
LADDER
MATE
PITTSBURGHER
PRINCE D AMOUR
SPANISH PLAY
SURF BOARD
SWEEP ALL
THE MONGOL
TWENTY GRAND

```
A N I N S S U R F B O T H E M O N I N S
N N T H E M O N R L L A P E E W S T W E
C P L O G N O M E H T S U R F B O A R D
H A I S S P A O S U R F B S B O Y S H T
O P S T A S P A C H M U P S P A N I D H
R I N F T T W E N S R A S W E E P N H E
S T S W R S S U R D N F T T W E A R I M
A T P A E E B N T I I I D E D R T U N O
W S A Y D E G U S P I T T S G P H O S N
E B N S D N D H R A D M A Y B I E M A T
I B I U A W P W S G T A T G S T M A C H
G O S R L L O O P L H N S D W S O D S R
H Y P F A D S H A T E E O B E U N E P P
R S R Y L A D D S W A I R O E R P C A R
N M I T H E M O T Y A N S Y P F I N N I
R A N N P R I N C E O S U S A B T I I N
M A C T E S P A N I S B R H F O T R S C
S W E E P A P I T T S B F O S T S P P E
```

1ST PLACE	TWENTY GRAND		2ND PLACE	SWEEP ALL
3RD PLACE	MATE		4TH PLACE	SPANISH PLAY

1932

ADOBE POST
BRANDON MINT
BROTHER JOE
BURGOO KING
CATHOP
CEE TEE
COLD CHECK
CRYSTAL PRINCE
ECONOMIC
GALLANT SIR
HOOPS
LIBERTY LIMITED
LUCKY TOM
OSCILLATION
OUR FANCY
OVER TIME
PRINCE HOTSPUR
STEPENFETCHIT
THISTLE ACE
TICK ON

```
I H C A T C B R A N D H O O P O A T L T O
B R O T H E R J O E E C E E T P D P I I O
I C K O M O T Y K C U L T K R C O R B C B
T O I K P P R I S P T R T I A O B I E U O
N L G H O S T H I T I B N P H L E C R K U
I D A O T S T E P S A C C E O D P G T C R
M C L O B I N A T L E L M K V C O E Y E G
N H L E U M H N B H K I P T E O S E L H A
O E A C R O A C O B T N C R K E T T I C L
D L N R G L U T T R C E E I I P T E M D L
N C T Y L I S R E E T E N C E N I E I L A
A R S A A P O V F M F G I C I E C C T O N
R Y G I U C O L N A B N B R A M K E E C T
B S H R I H B R A N N L E S M O O C D I O
C T L U C O O U R P P C E P P S N N C R Y
O A C O L O O O O B R O Y L E C G O O M O
L L O U R F A H P R I T H I S T L E A C E
D P B R O T T O S C I L L A H O S E C O E
C N O I T A L L I C S O C L O C U H O O C
H S T E C M O S C I L L A T O L U C K Y T
E O U R O U R F A N D R A D O B E P O P T
```

1ST PLACE	BURGOO KING	2ND PLACE	ECONOMIC
3RD PLACE	STEPENFETCHIT	4TH PLACE	BRANDON MINT

1933

BROKERS TIP
CHARLEY O
DARK WINTER
GOOD ADVICE
HEAD PLAY
INLANDER
ISAIAH
KERRY PATCH
LADYSMAN
MR KHAYYAM
POMPONIUS
SPICSON
STRIDEAWAY

```
K E R R Y P A S P G B R O K E R S L A D
K S P I C S P I O O S M C H A R L R P A
E C H A R I I S M O D O A I N L A E O M
R I R E C T A A I D A A S Y G O O T M L
R K N S I N L I B A R S T K Y C G N P A
Y W O L I N L A H R U I R P M A H I O D
P N I L A I R A L I O U I O R M H W N Y
A I S A I N I A N Y E K D M K R P K I S
E C I V D A D O O G Y L E P H K I R R M
A S R R S Y P E O N T A A R A H S A M M
A P P I S M T L R Y D D W I S A A D O G
G I H M O B R O K E E R A N K T I S S L
O C A P A I N L A N D L Y L E H I I P I
O N C H A R L A D Y S M R A R E L P I N
D N I K E R R Y P A B R O A R A A D C L
A A K K E R R Y P A T C H N H U D A S A
D M R K H A Y Y P P O M P O H C H R E N
V I S A I C H A R L E H E A D P L A Y D
```

1ST PLACE	BROKERS TIP	2ND PLACE	HEAD PLAY
3RD PLACE	CHARLEY O	4TH PLACE	LADYSMAN

1934

AGRARIAN
BAZAAR
CAVALCADE
DISCOVERY
MATA HARI
PEACE CHANCE
QUASIMODO
SGT BYRNE
SINGING WOOD
SIR THOMAS
SPEEDMORE
SPY HILL
TIME CLOCK

```
P E A Q B A Z A G R A R I Q U A S I M C
S P E U E D A C L A V A C C A V A L C A
E P E A C E C H A N C E S P Y H I S G T
C T T S A S S K Q U A S I M T I M E C L
A I S I G I I M C T I M E C B A Z A A S
V M G M R R G N O S S I R T H O P N R
A E T O A T T A S D L B D I S C O C S M
L C B D R H I I E O M C A S G T S A P A
C D Y O I R R O Y O M K E Z Y I G V Y T
I R A H A T A M E W D H E M A E T A H A
P R M R H Y C R C G P I A N I A B L I H
E A G O O R O T S N E D S S R T R C L A
A A M D A M S I I I A I I C O Y O D L S
C A D E D A I M R G C S U A O C B O I P
S E T E A A R E T N P E A C E V R T Z Y
B N E B A Z A C H I P E A C E C E H G H
P P A G R A R I O S V S P E E D M R C S
S P E A C E Q U A S I M Q U A S I M Y I
```

1ST PLACE	CAVALCADE	2ND PLACE	DISCOVERY
3RD PLACE	AGRARIAN	4TH PLACE	MATA HARI

1935

BLACKBIRDER
BLUEBEARD
BOXTHORN
COMMONWEALTH
MCCARTHY
MORPLUCK
NELLIE FLAG
OMAHA
PLAT EYE
PSYCHIC BID
ROMAN SOLDIER
ST BERNARD
SUN FAIRPLAY
TODAY
TUTTICURIO
WESTON
WHISKOLO
WHOPPER

```
Y H P W E S T B R I S E D N S B S U N F
F H R A B O X T L O T I M O T L E S T B
Y A T E M O R P L U B E O M B U Y C T C
A T O R I H T O D C E C R A E E E U D O
L S S Y A D N S I S R B P H R B T C C M
P U B O O C L H L T N M E A N T A U I M
R N E L H R C O M B A O E A I E L W W O
I F O E A Y P M S S R R A C R L P H T N
A A W R S C O M A N D P U T O D O I D W
F I H P W T K K A N A R O M A P A S Y U
N R I T H I C B B E I M M T P B O K A T
U M S O I U X I I O A E O E M C C O D U
S C K D L B O M A R M N R R B O X L O T
B C O P B S T B E R D W E S T O N O T T
R A R N R O H T X O B E B L U E B C B I
Y O R S T B E R S U N F R N E L L H L C
M P L A T O M A G A L F E I L L E N A U
N E L L O M A E C O M M O N W E A L T H
```

1ST PLACE	OMAHA	2ND PLACE	ROMAN SOLDIER
3RD PLACE	WHISKOLO	4TH PLACE	NELLIE FLAG

1936

BIEN JOLI
BOLD VENTURE
BREVITY
COLDSTREAM
GOLD SEEKER
GRAND SLAM
GRANVILLE
HE DID
HOLL IMAGE
INDIAN BROOM
MERRY PETE
SANGREAL
TEUFEL
THE FIGHTER

```
G S A N E B R E M O O R B N A I D N I E
B R N L S T G O M M E R T H E F G O L D
I S A D A I E O D E S A N G G R A N M B
E A B N C E E P L M E R B I E N H T E I
N N O I D O R M Y D F U G B B G O P R E
L H L S E S N G G R S M R O I R L R R N
G E D A R T L E N S R E A L E A L E G O
O D R N C O L A L A E E E D N N I T O B
L I M G H O L L M H S N M K C I M H L O
D D B O L D V E N T U R E O E E A G D L
G T S A N G E A B G O L L D L R G I S D
R H M B R E V I T Y P D A L G E E F A T
A E L E F U E T L G S T I H O L A E N H
T F T E T N H E A T R V E B I E N H G E
E T E H J G O S R D N R B O L D L T J F
U E U O T O L E R A T B O L D L G R A N
F U L R H L A A R T H E F G R H E D E T
S I Y N E M O G T B O L B I E N S A N O
```

1ST PLACE	BOLD VENTURE	2ND PLACE	BREVITY
3RD PLACE	INDIAN BROOM	4TH PLACE	COLDSTREAM

1937

BERNARD F
BILLIONAIRE
BURNING STAR
CLODION
COURT SCANDAL
DELLOR
FAIRY HILL
FENCING
GREY GOLD
HEELFLY
MELODIST
MERRY MAKER
MILITARY
NO SIR
POMPOON
REAPING REWARD
SCENESHIFTER
SIR DAMION
SUNSET TRAIL
WAR ADMIRAL

```
T T W A R A W S U N S E T T R A I L B D D
U C D E L L C L O B E R N A N M N R I E B
C L O D I O N O E C O U R R E I O E L L U
G R E Y G I S I R D L S C E N L O K L L R
Y I Y M E R R D R A W E R G N I P A E R N
R O L L E D R P R B I L L C T T M M A P I
S C E N F L M I G R E Y L I C A O Y F O N
S C E N Y L M F A O G O G O S R P R E M G
L F A I R D E L E R A R U C U Y M R N P S
D F D R A N R E B R E R E Y N R I E C O T
S I R R C B R H H A T T S Y S I L M M M A
H I A I A S I M F S S Y F N G S I R E P R
E W N G P I L L C S O N R I D O A R R R L
E G R R O R M A L M O G R E H N L R R I D
L H B E M D N M E I S I R D A S I D N S E
B S U Y P D A L M R O U S C E N E N O I L
U W R T A P O A H E E N S I R D S N S R L
R A N L I D D C L O D M A F A I R L E D B
N R F A I R Y H I L L E R I L S C E N C R
L A B S I L S U N S C R N A R I B U R N S
T A T S T H E E L M S R B E R E N B U R N
```

1ST PLACE	WAR ADMIRAL	2ND PLACE	POMPOON
3RD PLACE	REAPING REWARD	4TH PLACE	MELODIST

1938 - 1939

BULL LEA	O E E M V T E C H F E O F H C T H E C H
CANT WAIT	B L C E I B U L N L I E X E O I N H D B
CHALLEDON	J O H N S T O W N A I G O A S W A O C U
CO SPORT	A O I O C T O L S H I F H T P L L D H L
DAUBER	E T H W O E N W C T C C N T L C A A A L
EL CHICO	L O E V U C L E M E A O I E I A W U L N
ELOOTO	L F A I N H H D J G N C D N I N R I O T
FIGHTING FOX	L I S S T T O I O D T O A O H A G I V E
HEATHER BROOM	U G O C Y R C A H I N L M E N C T F N L
JOHNSTOWN	B C N C S O M O O R B R E H T A E H O O
LAWRIN	B A A E I I E O M N J T E C C O L T C X
MENOW	U O T N R H I N E I O T N O B T H E A T
MOUNTAIN RIDGE	L T T E T A C L N A H O L L U C H A L T
ON LOCATION	L E L C H W N L H T N N I T L T M D O M
T M DORSETT	F I G H T C A T E N O N B T M D O E D D
TECHNICIAN	T E C H E R L I B U E L A W R I N O W O
THE CHIEF	T C E L C H A N T O L I Y T R O P S O C
VISCOUNTY	C T F I G H W C O M C E D A U B E R A L

1ST PLACE	1938 LAWRIN	2ND PLACE	DAUBER
1st PLACE	1939 JOHNSTOWN	2nd PLACE	CHALLEDON

1940 - 1941

BIMELECH	W H I R A L I T E D N S S D I S P O S E
BLUE PAIR	G B R O M W O U N N S W R I A M R B A G
DISPOSE	A I O S N A E B E L T T I L R I O L O A
DIT	L M Y S M M E R O M D O O S M O T U U L
GALLAHADION	L E A I D Y W C L I T T I O T M C E R L
LITTLE BEANS	V A L D I N A P A U L R I S B S I C B E
MARKET WISE	L P M T T V A L D A R S G N R R P D O S
MIOLAND	R I A P E U L B W O S W A I N A U I P I
OUR BOOTS	A A N C W H I H M S S L L B L U E O I W
PICTOR	P I C T S R I T N I S B L G D I S P C T
PORTERS CAP	B S T M I R R S W A B L A R O Y A N T E
ROBERT MORRIS	L S T N L E E D O I B U H I O A Y A I K
ROMAN	U W A A B P N T M O L E A C U B M M R R
ROYAL MAN	E A W O R A D E R O U L D G R I I O P A
SIROCCO	N A R A L E L R A O E I I A B M O R I M
STARETOR	Y I O O T E T E I A P T O L I E L M C R
SWAIN	D D I U C S I O D A D T N L B L U E T O
VALDINA PAUL	L M A H O U R B R S T A R E A P O R T Y
WHIRLAWAY	

1ST PLACE	GALLAHADION	2ND PLACE	BIMELECH
1ST PLACE	WHIRLAWAY	2ND PLACE	STARETOR

1942

ALSAB
APACHE
BOOT AND SPUR
DEVIL DIVER
DOGPATCH
FAIR CALL
FAIRY MANAH
FIRST FIDDLE
HOLLYWOOD
REQUESTED
SHUT OUT
SIR WAR
SWEEP SWINGER
VALDINA ORPHAN
WITH REGARDS

```
R D D R H S W E E P B O O T A N D E V I
E O O E O A W I T H F R E Q D O G P A C
Q O G Q L P S I T I H O L L W I T H R E
U W P U L A S D R A F S I R W L D A A A
E Y A E Y C R S R B O O T A N D S P U R
S L T S W A T V D A A A S H U T O A A F
T L H S W F A P A E G D R S S L D C L A
E O R R I B L D O G V E R I H S O H S I
D H I D E O D L A G G I R R U I G E H R
A S D E E O O T A N O S L H T R P F A C
A L S A B T G C I C H L A D T W A I N S
E F I R S A P W S U R D L A I I T R A W
B S I R W N S G T D W I S L D V W S M E
O H C T A P G O D E I A A S E B E L Y E
O D E V E T U I R V T O W F V R H R R P
T E H E W T F A I I H F A I R C O R I S
A A W O D E V I L L S I R W L N L E A E
N S E N A H P R O A N I D L A V L Q F O
```

1ST PLACE	SHUT OUT	2ND PLACE	ALSAB
3RD PLACE	VALDINA ORPHAN	4TH PLACE	WITH REGARDS

1943

AMBER LIGHT
BANKRUPT
BLUE SWORDS
BURNT CORK
COUNT FLEET
DOVE PIE
GOLD SHOWER
MODEST LAD
NO WRINKLES
SLIDE RULE

```
S L I D E R M O D E S T D O V E P N S G
C O U N T F S M C S L I D E R O E L M O
A M B E T S L I G O L D S H S D I B O L
M O D E P D O V E P M O D E B D E A D D
B A N T U A M B E R L O L U E B D N E B
A M B E R L I G H T S K S R S L C K S L
A B W E K A M B E R N D U O L U O C T U
E U I L N S L I D I P L R K I E U D L E
D R A F A C W B R W E A A O D S N O A S
O N M T B O E W U V U M M B W W T V D W
V B B N U U O B D R R B B A B S F E S B
E U E U U N D O V E N E E N L C E P L U
P R R O G O L D S H I T N K U O B U I R
R A L C G O L D S P E H C R E U A C L N
A M B E R L S A E M O D E O S N N O S B
T G O L D S H V B A N K R U R T K U L D
L I S R E W O H S D L O G M W K R N I O
G O L D S D B U R N T C B U R N T C D V
```

1ST PLACE	COUNT FLEET	2ND PLACE	BLUE SWORDS
3RD PLACE	SLIDE RULE	4TH PLACE	AMBER LIGHT

1944

ALORTER
AMERICAN EAGLE
BELL BUZZER
BRIEF SIGH
BROADCLOTH
CHALLENGE ME
COMENOW
DIAVOLAW
GAY BIT
GRAMPS IMAGE
PENSIVE
ROCK WOODBOY
SHUT UP
SKYTRACER
STIR UP
VALLEY FLARES

```
P E N S I E L G A E N A C I R E M A V C
C R E S S H U T W B R I E S G S H U T E
H R P E A S P O F A P E N K R B B M B C
A E G R Y C K N W B L I R Y A R E B E H
L T R A W O M Y R B C O T T M O L R L A
L R O L Y W B O T C H A V R P A L I L L
E O C F I B A D I R T I M A S D B E B L
A L K Y O D I I O U A E S E I C U F U E
P A W E C E G T P O S C M A M D E S E A
B E L L B U Z Z E R W E E B A N O V S L
I A O L R O C K W O G K R R G R I I T O
A T S A V C B G Z N M I C R E S E S I R
H D H V A H R I E E E B S O N S T I R T
A I U S L A I L C F C E A E R P E N S I
L A T K L L L R S G O L P W O N E M O C
O V U Y E A S I S Y M L R O C K W O I F
R O P T H T G T R O C K W O S T I R U P
T L H C L H Y S K Y T R A B E L L B U A
```

1ST PLACE	PENSIVE		2ND PLACE	BROADCLOTH
3RD PLACE	STIR UP		4TH PLACE	SHUT UP

1945

AIR SAILOR
ALEXIS
BERT G
BURNING DREAM
BYMEABOND
DARBY DIEPPE
FIGHTING STEP
FOREIGN AGENT
HOOP JR
JACOBE
JEEP
KENILWORTH LAD
MISWEET
POT O LUCK
SEA SWALLOW
TIGER REBEL

```
R F I G H T I N L J E B B E R B J D F W
A O B T A L E X G E O E M T Y G A W I O
I B L F O R E T E H B I E M L L C B G L
R U T I N N R D S B S E E A H J O P F L
S R I N A E E Y A W A A R T E A B O I A
A N G J B S A I E R B B R R E C E T G W
I I E A F P R E B O B O A T E O I O H S
L N D C I O T I N W W Y W I J G I L T A
S G A O G T W D A L R E D G H G I U I E
B R R S H O O J I F I G H I B U R T N S
E J B E T L T N E G A N G I E R O F J F
R P Y A I U E I A E C J A C O P O X H O
P O D S N K A J A C P A L E X L P E O R
O O I W G F L K C U L O T O P G A E O E
T H I A S O E H O O P T I G E R R E P I
O B R L T R X S B U R N I N G D R E A M
L E A L E X I S S E F I G H T I N P O T
U R R R P H O O P P O T O L H M I S W E
```

1ST PLACE	HOOP JR		2ND PLACE	POT O LUCK
3RD PLACE	DARBY DIEPPE		4TH PLACE	AIR SAILOR

1946

ALAMOND
ALWORTH
ASSAULT
BOB MURPHY
DARK JUNGLE
HAMPDEN
JOBAR
KENDOR
KNOCK DOWN
LORD BOSWELL
MARINE VICTORY
PELLICLE
PERFECT BAHRAM
RIPPEY
SPY SONG
WEE ADMIRAL
WITH PLEASURE

W E E M P E L L S U M A R I N E V I A K
R I D M A A E L O R D B O S W D R W S E
I T K N C R A P W E E A D M I R R I S N
P L L E O G I B O B H A M P D Y A T A D
P U L O N M H N C A A S S A U I B H L E
L A R I M D A E E W A L W E J P O P W L
S S K W R U O L C V E U R T E L J L O G
P S N I D A R R A B I U B R S P A E R N
Y A O T A J O B E Y S C F H A M S A T U
E L C I L L E P S A H E T U A Y S J H J
L W K R A L W P E I C P O O E O A O M K
A E D I G L Y L E T H O R P R A U B A R
S E O P F S P O B L A R P U W Y A R R A
S A W P O H W A O O M I R B M H L I I D
A D N N T J H P N R R I M A R B A P N R
U M G I R R A L W B O B M U R P O P E I
S I W H A M P D E N P E L L W E E B V P
S R J M L L O R D B O S W E L L D O I P

1ST PLACE	ASSAULT	2ND PLACE	SPY SONG
3RD PLACE	HAMPDEN	4TH PLACE	LORD BOSWELL

1947 - 1948

BILLINGS
BULLET PROOF
CITATION
COALTOWN
COSMIC BOMB
DOUBLE JAY
ESCADRU
FAULTLESS
GRAND PERE
JET PILOT
JETT JETT
LIBERTY ROAD
MY REQUEST
ON TRUST
PHALANX
RISKOLATER
STAR REWARD
STEPFATHER
W L SICKLE

O B P G R A N G T J E T E C P M D N M C
R O R I S N M R O T E K S O H Y O C Y C
D O U B L E J A Y E E T C S A R U I R F
S T M Y R E Q N B W P J A M L E C T D A
T S T E P F O D I W L D T I A O A A C U
A S B U L L E P L D N S D T S X O T I L
R F O O R P T E L L U B I M E R F I T T
R B U L L E P R G O L S I C Y J A O D T
C I T A S S H E R Y A C G T K F U N R T
S B I L L T A J P E B E R O S L X T A N
M Y R E Q U E S T O T E T S D N E S W W
R I S K O T H P M J B A E Q A T E U E O
I U R S P E R B F I L L L L E S W R R T
S G N I L L I B L A T D A O C Y L T R L
S M L O B U L L E L T H O A K P S N A A
T O S T E P F E U E P H D A U S I O T O
T C O A L E O A D O U R E F A U I T S C
G R I S K R F S T A U R E R I B T R R P

1ST PLACE	1947 JET PILOT	2ND PLACE	PHALANX
1ST PLACE	1948 CITATION	2ND PLACE	COALTOWN

1949

CAPOT
DUPLICATOR
HALT
JACKS TOWN
JOHNS JOY
KY COLONEL
LEXTOWN
MODEL CADET
OLD ROCKPORT
OLYMPIA
PALESTINIAN
PONDER
SENECAS COIN
WINE LIST

```
D Y L L E X M O D E L C H M O D J J K H
U C W E I P C A P H A R A O P T A O Y T
P N A I N I T S E L A P L L A E C H C O
L K Y C N O L T M O D D M O L D K N O W
I H A I T E L N P L R Y O L E A S M L I
C O D H A S L O K O O O D D S C O O O N
A H U J O H N I C J E L E R T L L D N E
C A P O T D D K S Y A D L O I E D E N L
W L L K E C P N P T K I C C Y D R L W I
I T I R T O H D A O N C P K O O O C O O
N K C N R O O H L W A P C M P M C A T L
E Y A T J M L A O P H C A S Y H K M X D
L C T D D O Y T J O A L P L I L O O E R
I O O U U D S L O N T Y M O D H O D L O
C L R P P K C A P D O M D U P L I C A C
S E N E C A S C O I N P W I N O L Y M P
K Y C A L E X K Y C O L O N L L E X T O
I T J M O D P A L E K Y C O L O N W I N
```

1ST PLACE	PONDER	2ND PLACE	CAPCT
3RD PLACE	PALESTINIAN	4TH PLACE	OLD ROCKPORT

1950

BLACK GEORGE
DOOLY
HALLIEBOY
HAWLEY
HILL PRINCE
LOTOWHITE
MIDDLEGROUND
MR TROUBLE
OIL CAPITOL
ON THE MARK
STRANDED
SUNGLOW
TRUMPET KING
YOUR HOST

```
H I L L P R I H A L L I E E S T R A N D
O N T H E M A O N T H E N L H I L L P M
D G B L A C K G E U C U Y B T L H C R I
H E K R A M E H T N O O O U O O A L G D
D S O E A T C I I E I L B O N T L H B D
O T E M T N R R Y L S O E R T O L A L L
O R H L B I P U C L T T I T H W I L A E
A A A O T L H A M N R O L R D H E L C G
M N W T L S P W H P A L L M O T Y I K R
S D L I Y I O H O B E R A E O L O E G O
H T H E T O H H O T E T H O O H D B E U
A H R O R T S D R L O I K O H A W L O N
W A L A E U B L A U E L D I H A W L N D
L W M E N Y O U R H O T R U N E O N T S
H L R G D D O N T H E Y S T R G N L H U
A L L R O A E I R H I L L P R I T O E N
W O H M O U Y D B M H A W L E Y H T M G
W O I B L A C K G E O R G E H A W L A L
```

1ST PLACE	MIDDLEGROUND	2ND PLACE	HILL PRINCE
3RD PLACE	MR TROUBLE	4TH PLACE	SUNGLOW

1951

ANYOLDTIME
BATTLE MORN
BIG STRETCH
COUNT TURF
COUNTERPOINT
FANFARE
FIGHTING BACK
GOLDEN BIRCH
HALL OF FAME
KING CLOVER
MAMELUKE
PHIL D
PUR SANG
REPETOIRE
ROYAL MUSTANG
RUHE
SIR BEE BUM
SNUZZLE
SONIC
TIMELY REWARD

```
F S G P K C S B L R C O U N T T U R F B U
A N O H C D L I H P F A N F M S I R B K C
N U L I A K O G K I N H E H A P H I A I O
I Z D E B I R S D R R A A O M C G K N N U
P Z E R G N E T B R U T Y L E I O I Y G N
U K N I N P P R I E A H M C L N L N O C T
R S B O I H E E G E R W E O U O D U K L T
S O F T T I T T E G M N E U K S F I U O U
A N G E H F O C I F F I G R E A N F R E P
S O N P G A I H A C B N T R Y G U F A A R
S I Z E I N U N R A A G A D C L D A S M R
B N C R F H F B T T S I R L L L E N N P E
C F U N N A Z T S P H I O M S O P M U H G
R E P Z R Z L U G R F V A N Y O Y T I I O
P K L E Z E M N F L E T P U R S A N U T L
U S O N M L A A D R R O Y A L M U E A E R
R U K O A S E I T N I O P R E T N U O C O
S O R Y R E G O L D E N B I R C H F I G Y
A N O U F I G H T I N P U R P U R S A M A
L R P C O U N T T U M U B E E B R I S O L
M H A L L O F F M A M E L U A M A M E L U
```

1ST PLACE	COUNT TURF	2ND PLACE	ROYAL MUSTANG
3RD PLACE	RUHE	4TH PLACE	PHIL D

1952

ARROZ
BLUE MAN
BROWN RAMBLER
COLD COMMAND
COUNT FLAME
ETERNAL MOON
GUSHING OIL
HANNIBAL
HAPPY GO LUCKY
HILL GAIL
MASTER FIDDLE
PINTOR
SHAG TAILS
SMOKE SCREEN
SUB FLEET
SWOOP

```
E R E T E R N A L M Z S O A H I L L N E
S G U S L S M O K E S C R R F L E O E B
D M U G H I L L G A I L H R O O O C C L
S W O M N S O R R L H A P P Y M L O C U
O H A K O U A G A E T E R N L W U C O E
L L A R E B I B N B R O W A L N H O U M
G C L G A S I E L I H U N C T R A U N M
U O B N T N C E E S H R C F R E P N T C
S U L G N A U R U A E S L O O L P T F O
H O U A O P I B E T Z A U S T B Y F L U
I R H S W O F L E E M O L G N M G L A N
N A M E U L B E S E N M R K I A O A E T
M A S T E R F I D D L E N R P R L S T F
E T E E C O U N T F L A R R A N U W E L
H N T O H A P P Y G O L S H A W C O R A
I A E O D N A M M O C D L O C O K O N S
L R S W O N C O L D C O M M G R Y P A W
L R D U S H A G T A I E A R R B C L L O
```

1ST PLACE	HILL GAIL	2ND PLACE	SUB FLEET
3RD PLACE	BLUE MAN	4TH PLACE	MASTER FIDDLE

1953

ACE DESTROYER
CORRESPONDENT
CURRAGH KING
DARK STAR
INVIGORATOR
MONEY BROKER
NATIVE DANCER
RAM O WAR
ROYAL BAY GEM
SOCIAL OUTCAST
STRAIGHT FACE

```
R O Y A N A T I V E D A N A C E D R R L
C I G C D B R A W O M A R C R A M O E A
A O R E D A R A M I T K L T C T G Y Y M
B A R D L Y R R O I V E S I Y N A A O C
I C R R H K M K V E N A D R I O C L R U
N E O I E A Y E S N C N I K A I E B T R
V D Y N R S D W G T O E H A C N D A S R
I E A V S A P O U Y A G M C E V E Y E A
G S L I N N G O E G A R O E D I S N D G
O T B C B O L K N R N B N D E G T A E H
R R E T S A Y R R D I D L E S O R T C K
A R R A I O T U D R E I E A T R R I A R
T R T C T C C I N V O N T S Y A L V C A
O A O S C U R R A G M I T A D O A E U M
R S A E C A F T H G I A R T S G R D R O
C O R R E M O N E Y B R O R O Y D A R W
R O Y A M O N E Y B R O K E R C U R R A
R O Y A L B A Y D A R A C E D E S T R O
```

1ST PLACE	DARK STAR	2ND PLACE	NATIVE DANCER
3RD PLACE	INVIGORATOR	4TH PLACE	ROYAL BAY GEM

1954

ADMIRAL PORTER
ALLIED
BLACK METAL
CORRELATION
DETERMINE
FISHERMAN
GOV BROWNING
GOYAMO
HASSEYAMPA
HASTY ROAD
JAMES SESSION
KING PHALANX
MEL LEAVITT
RED HANNIGAN
SEA O ERIN
SUPER DEVIL
TIMELY TIP

```
H P R H A S S E Y A G O V B R O W F I S
A A N T S E A O A N A X P B L A H H A S
S H A S T Y R O A D N I S E A O E O M S
S G M E L I S U P A T R E K I N G P U J
E R H A S E V I L Y H A S T Y R O P N A
Y E A D M I R A L P O R T E R L E C B M
A D D J A I H E E I N P G M E R L L K E
M H E A N P M R E L S I H O D L A T N S
P A T M G I O M E A L C R E Y C T I O S
A N E N T M N E M D Y E V E K A I M I E
Y N I E Y I A L E F H I M M O A M E T S
H K S U P E M L L S L A E E A A P O A S
G N I N W O R B V O G T N I L J E X L I
S E N I M R E T E D A N B N L A S S E O
E K B L A C H A S L B L A L I M E B R N
A K I N R R S R T A L L I R H G A L R H
O I R A L L I E D L I A L L I A A A O A
E S E A O S F S E A S U P E R D E N C S
```

1ST PLACE	DETERMINE	2ND PLACE	HASTY ROAD
3RD PLACE	HASSEYAMPA	4TH PLACE	GOYAMO

1955

BLUE LEM	
FLYING FURY	
HONEYS ALIBI	
JEANS JOE	
NABESNA	
NASHUA	
RACING FOOL	
SUMMER TAN	
SWAPS	
TRIM DESTINY	

```
J E A J A N J E A F L Y B O T E B H O N
N A S E S W A E N A B S L S R H L B T A
J E A A J E A U Y F B A U S I O U L R H
S U M M E L E U L B H O N F M N N U R O
S N A S N A S Y A L L R S L D N A S A N
W A N A B L I N U R O W W Y E B B U U N
A N H O N N S N A A I O A Y S S O M H M
S A Y A G N A N E C B W F E T N J P S F
W B A F S S S R A C I J S G I A E N A L
A S U M M E R T A N L S E I N B A P N Y
N R A E B I J J B J A R B A Y I S W A N
Y N O A J E A E L E S S J N N R C B A A
W A N N H O N A U A Y J P N R S N A G B
L B O A S U M S W A E R N A B L J M R N
H E J E A N S U M E N A A B W A H O O E
O R J E A A N A B F O C S L R S O E E N
N H O N L S J E A L H A S U I Y N W A A
Y U H O N H O N G Y D E F L Y F L Y E S
```

1ST PLACE	SWAPS	2ND PLACE	NASHUA
3RD PLACE	SUMMER TAN	4TH PLACE	RACING FOOL

1956

BEN A JONES	
BESOMER	
BLACK EMPEROR	
CAREER BOY	
COME ON RED	
COUNT CHIC	
COUNTERMAND	
FABIUS	
HEAD MAN	
HIGH KING	
INVALIDATE	
JEAN BAPTISTE	
KING O SWORDS	
NEEDLES	
NO REGRETS	
PINTOR LEA	
TERRANG	

```
N N C I H B S E B E N A J O N T E R R A
S O A N I E D U N E E D I N V A L I D B
K R R V G N J E I C O U N T C H G N N L
I E E A H J E A N B A P T I S T E H A A
N D N L K A G M C E A S E L D E E N M C
G N K I I N H E A D M F C O M E O N D K
O A C I A P I N T O R P I N T O R L A E
S M T R N A E L R O T N I P I C E C E M
W R R S R G C A R E E C T P O N O E H P
B E G N T B O E B T R O C U L M B B S E
T T C N E E B S A E N M N A E K C E C R
C N O C I E R D W B S T B O B I O N O O
O U M O A K I G A O C O N O E N U A U R
U O E M E L H R E H R R M U N G N J N E
N C I E A M H G I R E D A E A O T O T H
T S M V I N V C I D O L S O R S C N E E
E O N N E E D L L H Y N T E I W H E R A
R I N N C A R E E R B O Y C O M E S S D
```

1ST PLACE	NEEDLES	2ND PLACE	FABIUS
3RD PLACE	COME ON RED	4TH PLACE	COUNT CHIC

1957 - 1958

A DRAGON KILLER
BENEDICTO
BETTER BEE
BOLD RULER
CHANCE IT TONY
EBONY PEARL
FEDERAL HILL
FLAMINGO
GALLANT MAN
GONE FISHIN
INDIAN CREEK
IRON LEIGE
JEWELS REWARD
LINCOLN ROAD
MARTINS RULLAH
MISTER JIVE
NOUREDDIN
RED HOT PISTOL
ROUND TABLE
SHAN PAC
SILKY SULLIVAN
TIM TAM
WARREN G

```
I C R T N L B I R O N I B E T T R M B O F
N B A B O I O A A I N D I A N C S A E A L
D E O P U N L T I M T R O U N A I R N T A
I N E H N C G A L L A N T M A N L T E R M
L L I H L A R E D E F M E G A I K I D O I
I F U R L T H G O N E A B O D R Y N I U N
N M R E E N N S H E L R O N R O S G C N D
D A E B H D A O B A E T N E K G U N T D A
I R D O A R H R U G L I Y E N A L E O T O
A T H N P M E O I R G L E D D M L R L A R
N I O Y A T E E T O E R U R R A I R I D N
E N T P T F L V N P C D A R I R V A N B L
L S P E H N L E I N I G D A S T A W O T O
B W B A O L F A A J O S L I U N N L I S C
A A D R L I A I M N R M T A N O I M I H N
T R I L S I D B K I M E O O I C T T A A I
D R N H L N R I B Y N E T I L A F L R N L
N E I E I L L W A R R G E S M T L P A A S
U N B R E L U R D L O B O A I T A S H A M
O O E J E W E L S R E W A R D M M I R O N
R I T R S B E T T Y N O T T I E C N A H C
```

1ST PLACE	1957 IRON LIEGE	2ND PLACE	GALLANT MAN
1ST PLACE	1958 TIM TAM	2ND PLACE	LINCOLN ROAD

1959

ATOLL
DIE HARD
DUNCE
EASY SPUR
FESTIVAL KING
FINNEGAN
FIRST LANDING
JOHN BRUCE
OPEN VIEW
OUR DAD
RICO TESIO
ROYAL ORBIT
SILVER SPOON
SWORD DANCER
THE CHOSEN ONE
TOMY LEE
TROILUS

```
S E D T L A F I N N E G F T R O I E E S
I A I I R T D I E H A I T F I S O C A I
L S E S W O R D D A N C E R G W F U S L
V Y R S N L I H D N N S E F O O E R Y V
A S U G E L S L E S T A T I P R S B S E
T S P R N E I G U I R V O N E D T N P E
O S S I T I A S V S U O M N N D I H N E
R I Y C R N D A S I L V Y E V E D O L R
O L S O O S L N L D D R L A I R N J A J
Y V A T I K A R A R A U E O L E N J T O
A E E E I O T H A L U D E E S O S O O H
L R E N B U O H D H T P R O C S R H S N
B S G W G R E O U R D S H U R I C B N B
O P E N V I E W N H R C R O O T R O I R
A O D B D R O U R D E V E I D I E H A T
A O I E C N U D D H S W O R F R O Y A L
T N J O H N B R T R I C O T E T R O I L
O N G O I S E T O C I R F I R S T L C U
```

1ST PLACE	TOMY LEE	2ND PLACE	SWORD DANCER
3RD PLACE	FIRST LANDING	4TH PLACE	ROYAL ORBIT

BALLY ACHE
BOURBON PRINCE
CUVIER RELIC
DIVINE COMEDY
FIGHTING HODGE
HENRIJAN
LURULLAH
SPRING BROKER
TOMPION
TONY GRAFF
VENETIAN WAY
VICTORIA PARK
YOMOLKA

```
V E N E O R A T O N L B B O U R B L K S
Y B O U R B R K E H A A N B E D R M P T
D R V B F B A L L L E N G C S I B R N O
E M B O L I A R L O O N N N P V I O C M
M S T U U O G Y K C M I R E R N T V U P
O P O R R E A H Y R R O T I G I O E V I
C R M B U C S H T P A O Y B J B M N I D
E I P P H H P E N I U P R B V A P E E I
N N I E V E R O N O N O A N E B N T R V
I T O B E N B R O U K G V I N A T H R I
V O N O N R C U V E A N H R R L O E E N
I N E U U E A H R T O M P O A O M N L C
D Y O O F F A R G Y N O T L D O T R I U
S G B C H H E N R C T O N Y G G R C C V
P C U V I E D I V I A D I V I N E E I I
R R T O M P V E N E T I A N W A Y C F V
I H E N R I K C B A L L Y I N L U R U L
N S P R K L U R U L L A H A H E N R I O
```

1ST PLACE	VENETIAN WAY	2ND PLACE	BALLY ACHE
3RD PLACE	VICTORIA PARK	4TH PLACE	TOMPION

AMBIOPOISE
BASS CLEF
CARRY BACK
CROZIER
DEARBORN
DR MILLER
FLUTTERBY
FOUR AND TWENTY
GLOBEMASTER
JAY FOX
LIGHT TALK
LOYAL SON
ON HIS METAL
RONNIES ACE
SHERLUCK

```
L I G H C O N H R O L I G H T T A E B L
A N O S L A Y O L E C A M B I O P O A A
J C A E K Z R E R A L R N J K L I G H D
G A O N H L E R Y M D L N A C C F S G E
L R Y E M C A R Y B R F I Y U R F L S A
O O J F S H E T B B M L T M L O O L H R
B N A L O B O A T S A U E E R B U O E B
E N Y R I X S C S H A C C H E D R Y R O
L A T E M S I H N O G A K M H S A E L R
S C R O C D C A R R S I A M S H N S U N
C A R L L E C L O E U S L L Y E D I D T
L O E B I A R R I O T L O Y A R T O E C
O F G A G R O N F E E D E A Y L W P A A
Y O L S H B N A R S H E R L U U E O R R
A N O C R O Z I E R A A M B I S N I B R
L H B F R F L U T T E R B Y J H T B O Y
S O N H I S M E T B A S S C L E Y M A B
D E A E R O N N I E S F L U T T B A N A
```

1ST PLACE	CARRY BACK	2ND PLACE	CROZIER
3RD PLACE	BASS CLEF	4TH PLACE	DR MILLER

1962

ADMIRALS VOYAGE
CRIMSON SATAN
DECIDEDLY
GOOD FIGHT
GREEN HORNET
LEE TOWN
MISTER PITT
PREGO
RIDAN
ROMAN LINE
ROYAL ATTACK
SHARP COUNT
SIR RIBOT
SUNRISE COUNTY
TOUCH BAR

```
G T T O U C H B E S M Y R O Y A L R T G
T R S I R R R I D U I T I R A C E O O R
O I E S I R R I B N S N D I S R T Y U E
U I R E P R E D T R T U E D U I O A C E
E N I L N A M O R T E O C P N M B L H N
S S D D M H U C H G S C I R R S I A B H
U I A E N C O G O H N E D E I O R T T O
N R N C H A I R A G H S E S S N R T T R
R R D B V F T R N U E I D H E S I A O I
I D A M D T P A E E I R C A C P S C U R
S R E O O C S R S I T N P R R R M K C O
E C O C O S H A R N I U R E M I S T H Y
C G T U I T O U C H O S T P L E E T O A
L T N L A D M I R A L S V O Y A G E R L
D T N W O T E E L T I H M T L E E T O A
R O M A N L I D N M G O O I P R E R Y T
L E E T O L E E L S U N R I R I L I A T
C G O O D F I G R Y G O O D F C C D L T
```

1ST PLACE	DECIDEDLY	2ND PLACE	ROMAN LINE
3RD PLACE	RIDAN	4TH PLACE	SIR RIBOT

1963 - 1964

BONJOUR
CANDY SPOTS
CHATEAUGAY
DANDY K
EXTRA SWELL
FEED NANA
GRAY PET
HILL RISE
INVESTOR
ISHKOODAH
MR BRICK
MR MOONLIGHT
NEVER BEND
NO ROBBERY
NORTHERN DANCER
ON MY HONOR
QUADRANGLE
ROMAN BROTHER
ROYAL SHUCK
ROYAL TOWER
THE SCOUNDREL
WIL RAD

```
M R M O O N L I G H T B W N E H W I L R R
C C H A T E D H H K H O I O X D A N D N O
H H B E N B W N D O C N L R T H I L L R Y
I Q A O X O B I E O Y U R O R O N M G R A
L U E T R T G E L B K T H B A R B R E I L
L A X T E L R R V R R K A S S O A C T A S
R K T H H A R A H R A E W O L Y N D A N D
I I C E T U U H S Q N D V A P A Q U A D I
S S R I O A N G U W S D T E D L Y W I L N
E H O J R C A A A D E S T N N T F O K H V
L K N R B B D T I Y T L R C F O E Y R I E
C O N J N R R S K O U E L H E W E R D L S
B I N V A N H M P E H E H A E E D E A L T
R O Y N M K B S N T N A O T D R N B N R G
T T G R O E Y L R O N M Y H N A A B D I R
A L G O R D N O O N M Y H O A N Y O C C A
E S D P N P N Y R O N O H Y M N O R A H Y
N A D A N D Y K Y T H E S C O G T O N A P
H C C E L E R D N U O C S E H T D N D T G
B N E V E R B S U A I N V E S T O R Y E R
O R O M A N B A N A N D E E F N T C S A A
```

1ST PLACE	1963 CHATEAUGAY	2ND PLACE	NEVER BEND
1ST PLACE	1964 NORTHERN DANCER	2ND PLACE	HILL RISE

BOLD LAD
CARPENTERS RULE
DAPPER DAN
FLAG RAISER
HAIL TO ALL
LUCKY DEBONAIR
MR PAK
NARUSHUA
NATIVE CHARGER
SWIFT RULER
TOM ROLFE

```
H A I L T O A L Y H R L U C K Y D E B E
N A T I V R E G R A H C E V I T A N L A
D A P P E R D H T I D A P P E R D U D D
N A T I T O M R O L F E H A I L R N N A
N A R U R A I M A T S W I F T S N A B P
H L K U D E T R M O H A I L R T S R O P
T L U O R R L P R A M R P E S O W R L E
O U R C M R P U P L H L T T W M I E D R
M C B E K P U R R L A N R O I R F S L D
R K O F D Y N A R T E W D M F I A I R E
D Y L M A F D E E P F A R R M R P A M D
A D D R P L A E R T P I R O L O K R R A
P E F P P A T A B P A R W C D A D G P P
P B T L E G C F E O M R P S P T A A B P
E B O L D L R R O A N S R R W R P L O E
R D I D A L D L O B L A M T O M R F L R
D N A T N A R U S H U A I T O M R O D D
H A I L N N A T I V E C H R L U C K L R
```

1ST PLACE	LUCKY DEBONAIR	2ND PLACE	DAPPER DAN
3RD PLACE	TOM ROLFE	4TH PLACE	NATIVE CHARGER

1966

ABES HOPE
ADVOCATOR
AMBEROID
BEAU SUB
BLUE SKYER
DOMINAR
EXHIBITIONIST
FLEET SHOE
KAUAI KING
QUINTA
REHABILITATE
SKY GUY
STUPENDOUS
TRAGNIEW
WILLIAMSTON KID

```
E K E T S E B O A D I O R E B M A S K Y
X A A B K T L B M B E A U A D V O C B A
H D E U Y A U E B E X H I S T U P E T U
I V U B A T E A E K A U A I Y E R N A D
S T U P E I S U R A F A S B X O I E D O
S B L U E L K S N B L D Y H T U D X V M
R U B E A I Y I W E E V I A Q U S H O I
E P O G M B E M N E E B C U R E H A B N
X T A D M A R A N G I O B E A U S U B D
H D B B N H B C I T V N Q U I N Y S B O
I O E L N E Q N I D V D G F L E T K L M
B M S U S R P O A W N E O A N R R Y U I
E I H H R T N U S K Y G S M R L A G E S
X N O R G I S B T U U B E A I T G U S K
H P Y U S R E H A S T R A G N N N Y E Y
E A E T S I F L E E T S H O E U A N X G
O Q U I N B T R A G N S A D V O C R H T
A D I K N O T S M A I L L I W S T U I H
```

1ST PLACE	KAUAI KING	2ND PLACE	ADVOCATOR
3RD PLACE	BLUE SKYER	4TH PLACE	STUPENDOUS

ASK THE FARE
BARBS DELIGHT
DAMASCUS
DAWN GLORY
DIPLOMAT WAY
DR ISBY
FIELD MASTER
GENTLEMAN JAMES
LIGHTNING ORPHAN
PROUD CLARION
REASON TO HAIL
RUKEN
SECOND ENCOUNTER
SUCCESSOR

```
L S A S K Y A K R O S S E C C U S N N P
D S E P C N A R E A S S D B A R B A U R
R A O C P R O W B A R U A P R O H R L O
U L W S O G E N T A I C W L N P R G I U
K P D N C N P R O A S C N C R L E D G D
P R P F G G D S Y R M E G O I N P A H E
R O R I A L U E Y B R O G N T H P W T R
O U O E O C O U N U S N L L E L A A N E
U D U L S M R R W C I I E P I I S S N T
D C D A D R I S Y N O M R E I G K K E S
E L M G G G O U T N A U L D N D T T K A
O A F E E E L H L N B S N D A W H H U M
D R I N N N G N J S U C C T U I E D R D
R I E T T I O A L F I E L D E L F A G L
U O L L L E M G E N T L D R I R A W N E
K N D R R E R T H G I L E D S B R A B I
D I P L S L I G H S U C C E D H E L T F
M L R E A S O N T O H A I L E D I P L O
```

1ST PLACE	PROUD CLARION	2ND PLACE	BARBS DELIGHT
3RD PLACE	DAMASCUS	4TH PLACE	REASON TO HAIL

1968 - 1969

ARTS AND LETTERS
CAPTAINS GIG
DANCERS IMAGE
DIKE
DON B
FLEET ALLIED
FORWARD PASS
FRANCIES HAT
GLEAMING SWORD
IRON RULER
JIG TIME
KENTUCKY SHERRY
MAJESTIC PRINCE
OCEAN ROAR
PROPER PROOF
RAE JET
TE VEGA
TOP KNIGHT
TRAFFIC MARK
TROUBLE BREWING
TV COMMERCIAL
VERBATIM

```
O C E A N R O R C A P T A I N S G I G P T
P R O P E R D O A O T T R A F F I B I V I
I O E O C E A R J E J H L I F L E N C G R
E P C K E N J N O B J E G F K V B O T Y O
C M N E O C E A N W T E L I E I M D C K N
G T I O A C A P T E S E T R N M K A A E R
C T R T K N T J I G E G B A E K D I P N U
S V P O G E R H J T E A N R P L P E T T L
S C C V U I E O A E T W C I C H G O A U E
A O I E G B J L A I E I S I M A F O T C R
P M T R N A L F M R A F T D M A L C I K N
D M S B E I V E E L O S I I T F E E R Y I
R T E V E G A D B O R J S K R R D L S S R
A F J D T V C W R R A R S E A A A I G H O
W O A M A J R P K M E F R A F N N I O E N
R R M D I B R S N C W W D E F C C I T R R
O T A H S E I C N A R F I H I D E R R R U
F R D D P R J A T E D O S N C I R O A Y I
D P O O C M D C A P T A I N G K S N F G R
S E R E R K R A M C I F F A R T I R F S O
E P R A R T S A N D L E T T E R S U I T N
```

1ST PLACE	1968 FORWARD PASS	2ND PLACE	FRANCIES HAT
1ST PLACE	1969 MAJESTIC PRINCE	2ND PLACE	ARTS AND LETTERS

ACTION GETTER
ADMIRALS SHIELD
CORN OFF THE COB
DR BEHRMAN
DUST COMMANDER
FATHOM
GEORGE LEWIS
HIGH ECHELON
HOLY LAND
MY DAD GEORGE
NASKRA
NATIVE ROYALTY
PERSONALITY
RANCHO LEJOS
ROBINS BUG
SILENT SCREEN
TERLAGO

```
G O E R D U S T C M Y D A D G E O R G E
E G B O C E H T F F O N R O C H H N N T
O A A B D U S T S H I G H E C I E A M N
R L D I M Y D A D O N A S K G R T G Y E
G R M N D T D R A N J Y A H B I T E D E
E E I S K R N U E O T E E A V N E O A R
L T R B T A B K S I G C L E T A R R D C
A D A U E C E E L T H A R O S S L G G S
C U L G R T N A H E C O R O H K A E E T
T S S P L I N D L R Y O L N S C N L O N
I T S E A O N O H A M L M H O L N E F E
O C H R S A N H L M G A T M A J I A N L
N O I R L G O T G E O R N S A R D M R I
G M E Y D L Y C O R N O F F T N K B H S
E P L G A C T I O N G E T T E R D S A D
R O D E F A T H A C T I O N G E G E A G
H H I G M O H T A F G E O R G E L E R N
A R S I W E L E G R O E G G E O R G E L
```

1ST PLACE	DUST COMMANDER	2ND PLACE	MY DAD GEORGE
3RD PLACE	HIGH ECHELON	4TH PLACE	NASKRA

BARBIZON STREAK
BOLD AND ABLE
BOLD REASON
CANONERO
EASTERN FLEET
FOURULLA
GOING STRAIGHT
HELIO RISE
IMPETUOSITY
JIM FRENCH
JRS ARROWHEAD
KNIGHT COUNTER
LIST
ON THE MONEY
ROYAL LEVERAGE
SAIGON WARRIOR
TRIBAL LINE
TWIST THE AXE
UNCONSCIOUS
VEGAS VIC

```
A H L S A I G O Y E N O M E H T N O J I M
G B I L D B O L D R E A S O N S A I G O N
J O S I K N I K N I G H T C O U N T E R T
R L T F O U R U L G O I N C A N O N E R O
S D E B T G O I N G S T Y F O U R U L T L
A R E L O L I K A E R T S N O Z I B R A B
R S H X V L D E O I I E A S E Z S T U N M
R U T E A E D A A S C A N G L A B R N U B
O O B H L E L A O S I E A S I T O I C N O
W I O I G L H U N S T R T G R H L B O C L
H C L O U I T T A D E E O W E V D A N O D
E S D R L E A I T V A N R L G E R L S E R
A N U F P G I R E S W B I N N G E L C H E
D O S M V E G L T A I O L A F A A I I C A
F C I T W I L H R S R W E E J L S N C N S
H N J E R A U R T I G B T T R F E E A E C
K U I T Y M I I S C O N A W S O S E N R A
N B M O N O T E J I M F I I A U A H T F N
I O R S R C A N O N E N G O R R I E K M O
G L R M E A S T E R N F I U G U G L S I N
H D E R O Y A L L E V C I V S A G E V J E
```

1ST PLACE	CANONERO	2ND PLACE	JIM FRENCH
3RD PLACE	BOLD REASON	4TH PLACE	EASTERN FLEET

1972

BIG BROWN BEAR
BIG SPRUCE
DR NEALE
FREETEX
HASSIS IMAGE
HEAD OF THE RIVER
HOLD YOUR PEACE
INTRODUCTIVO
KENTUCKIAN
MAJESTIC NEEDLE
NAPOISE
NO LE HACE
OUR TRADE WINDS
PACALLO
RIVA RIDGE
SENSITIVE MUSIC

```
E O D D A N A P O E G D I R A V I R K I
G D R H F R E H A S H O L M A J E H E N
S D N I W E D A R T R U O E I H B E N T
H E E B K E N E B I G M A J E B I A E R
E N A H I G C E O H U B M A M I G L N O
A A L O H G E I N L I H D B A G D H E D
E P E L H G B E S G L O X I J E L A C U
G O H P E K V R S U F A A G E O H S A C
A W A A A I E P O T M U C N T U E S H T
M P S C D O R N H W N E C A G R A U E I
I N P A R U K E T X N I V N P T D E L V
S A A E C R R F E U T B O I O U R T O O
I P C E R I N T A S C R E F T P A C N C
S O A B V D E R E A U K O A N I B I G B
S B L E O E E J B I G U I E R L S L S H
A I R P R N A P O I S E B A O U R N C O
H G O F N M A I N T B I G S N C I C E L
S H O L D Y O U R P E A C E H A S S D S
```

1ST PLACE	RIVA RIDGE	2ND PLACE	NO LE HACE
3RD PLACE	HOLD YOUR PEACE	4TH PLACE	INTRODUCTIVO

1973

ANGLE LIGHT
FOREGO
GOLD BAG
MY GALLANT
NAVAJO
OUR NATIVE
RESTLESS JET
ROYAL AND REGAL
SECRETARIAT
SHAM
SHECKY GREENE
TWICE A PRINCE
WARBUCKS

```
A R E S T L E A A N G L E L T G O L D B
N I T W I C E A P R I N C E W E G E O E
G N F O R R A S E C R E T O I I O G N W
L A T R U G O L D B A G N A V A L E F C
E V R A S H E Y A M Y G A L L T E M O A
L A S V I W A I A S E C R E T R M Y R N
S K C U B R A W H L N E S L G W Y G M G
O E C F W T A F O R A M H Y N A G Y T L
J V N O A E A T S E C N K J A R G A A E
A I A R R M N W E I E C D T V A O N N L
V T V E A S G A S R E C I R L G U G G I
A A A H W H L R O H C H G L E G R L L G
N N S T A E E B S E R E A O G G N E E H
N R A W R C L U N A V N S I G H A L L T
A U N I B K E C I T T E S H E E T L F W
V O G C U Y S H E C K Y K W N V R A O A
A L S E C U T E J S S E L T S E R O R R
M E H O U R N A T E M Y G A L O E R F B
```

1ST PLACE	SECRETARIAT	2ND PLACE	SHAM
3RD PLACE	OUR NATIVE	4TH PLACE	FOREGO

1974

ACCIPITER
AGITATE
BOLD CLARION
BUCKS BID
CANNONADE
CONFEDERATE YANKEE
CONSIGLIORI
CRIMSON RULER
DESTROYER
FLIP SAL
GA HAI
GOLD AND MYRRH
HUDSON COUNTY
JRS PET
JUDGER
LEXICO
LITTLE CURRENT
PAT MCGRODER
RUBE THE GREAT
SET N GO
SHARP GARY
SIR TRISTRAM
TRIPLE CROWN

```
F L I P T L E X I I D E S C J R S P C S N
N J R S P N G R A N D A R B O L D C A I C
R T Y S E T E H U I P I F L I P S C N R O
E E C R N R A R B B M R I J R S P O N T N
D D A H A G G S R S E D R H G J C N O R S
O E N U E G K F O U E T R E O U R S L I I
R S N D A C P N L S C R H U L D I I E S G
G T O S U G R R T I Y E N E A G G B X T L
C R R B B U H R A M P J L G G R A U I R I
M N O K L O O C D H U S S T I R H C G A O
T W R E J Y L N O D S E A A T E E K A M R
A O R J E D A D G G G O L L A I R A H A I
P R T R D D H E C T N L E X T E L D T W T
P C M R L T R U D L I T P E E I S I R T R
A E C O N F E D E R A T E Y A N K E E S G
T L G D I O C I X E L R Y S G A H T N I C
M P C R I S E T N G A H I S C A N N O R O
C I S H A R P Y A C A N N O N A D E G T N
J R S P E T R O C A N N O A N A C C I R S
R T T A C C I P Y T N U O C N O S D U H I
D E S T R T H U D S O R E T I P I C C A B
```

1ST PLACE	CANNONADE	2ND PLACE	HUDSON COUNTY
3RD PLACE	AGITATE	4TH PLACE	JRS PET

1975

AVATAR
BOLD CHAPEAU
BOMBAY DUCK
DIABOLO
FASHION SALE
FOOLISH PLEASURE
GATCH
HONEY MARK
MASTER DERBY
MEDIA
PRINCE THOU ART
PROMISED CITY
ROUND STAKE
RUSHING MAN
SYLVAN PLACE

```
R U S P P K R A M Y E N O H B O L D C P
M E O R R K S M S E C A L P N A V L Y S
A O C O O C Y A R N B O M B F P B F A S
S P L M M U L S T N A N I O D R O R H U
T R B O I D V T R F A M O U I I M M A G
E I O P B Y A E A A A L G M A N B E G A
R F M R D A N R U N I S I N B C P D A T
D A B O I B I D O S G Y H N I A N I T E
E S A M A M U D H A B O L I H H O A K D
R H Y I B O E P T G A T I C O M S A L I
B I D S O B L C E G A T D R U N T U E A
Y O U E O E H K C A G L R U A S S T R B
D N A V A T A R N C O M U S D A H A R O
I S H S T S Y L I B R E S N M P R O L L
A M U L S Y L M R P O D U H O N E Y N E
B R P F A S H P P R U O M A S T E R D E
E S Y L V A N P L O R B O M B A Y D U N
H O N E Y M A P R O M I S E D C I T Y L
```

1ST PLACE	FOOLISH PLEASURE	2ND PLACE	AVATAR
3RD PLACE	DIABOLO	4TH PLACE	MASTER DERBY

1976

AMANO
BIDSON
BOLD FORBES
COJAK
ELOCUTIONIST
HONEST PLEASURE
INCA ROCA
ON THE SLY
PLAY THE RED

O B O N T H E B O L D F D O B C C A M A
N I C O J A O J C O J E I O L J O P E S
T D B I D S B N A N R S L A O A J A L C
H I B O T A I N T E L D I P E M C E O O
B N O N D M D U H H F T N B L A O L C J
I C L T O A S T H O E C C I O C J O U P
D A D H N N Y S R O E S A D C O S C A L
C R F E E A A B B I D S L S U J K U N A
O A M A L A E M O N T H E Y T C O J A Y
J S I P S S I O A O N T H E I B B B C T
E R U S A E L P T S E N O H O I O I O S
A I N C A R B I D S A M A A N D L D R A
B B O L N O P L A Y T C O M I S D S A M
O C O J C O J A K P L A Y A S D B B C A
L O N T H E S E B I D S E B T P I O N A
D O N T H E D D B O L F L A Y T D L I N
F E L C O J D O I I N C A C O J S A M A
O B O L D F P L A B E L O C U E L O C U

1ST PLACE	BOLD FORBES	2ND PLACE	HONEST PLEASURE
3RD PLACE	ELOCUTIONIST	4TH PLACE	AMANO

1977

AFFILIATE
BEST PERSON
BOBS DUSTY
FLAG OFFICER
FOR THE MOMENT
GET THE AXE
GIBOULEE
NOSTALGIA
PAPELOTE
RUN DUSTY RUN
SANHEDRIN
SEATTLE SLEW
SIR SIR
STEVES FRIEND
WESTERN WIND

R N D I S E Y T S E A T T L E S L E W U
F R F N A T C T F W E N O S T A L G I A
S U L F E A B E S O R U N D U S G G W G
S N A L O I H D G U R W E S T G E E E E
I D G A G L R S I L D T P A P I T T S T
R U O R N I I F B T F S H D E B T T T T
S S F U O F B E S S L T B E A O H H E H
I T F N S F N O E E A S W O M U E E R R
R Y I D R A O M U G V E A I B O A A E N
S R W U E S S B E L S E W E S T M C E O
A U E S P I T T X T E O T G I B I E U S
N N S T T R T T E A S E H S A F E E N T
H E T Y S H T R G F I A F F F B O B S T
N I R D E H N A S F R S H O G E T T H E
A Y U A B W W E S I S L G A F F I L I A
F T X P I N O S T L D A A G E T T H E A
F E E N N O S T O I L E T O L E P A P O
I L D B O B S D U F N O S G I B O U L I

1ST PLACE	SEATTLE SLEW	2ND PLACE	RUN DUSTY RUN
3RD PLACE	SANHEDRIN	4TH PLACE	GET THE AXE

1978

AFFIRMED
ALYDAR
BELIEVE IT
CHIEF OF DIXIELAND
DARBY CREEK ROAD
DR VALERI
ESOPS FOIBLES
HOIST THE SILVER
RAYMOND EARL
SENSITIVE PRINCE
SPECIAL HONOR

```
D A R B Y D A R B Y C R E E S O L R S H
S E N S I T I V T H O I S T T I S A P O
E A R O N O H L A I C E P S D A R Y E I
D A L Y D A R E I A B E L I E V E M C E
A D R V E H R F F L L B E L I E R O C S
O C H I E F O F D I X I E L A N D N H E
R B S E S O I I A T I I E R A Y I D E N
K E E I E R M N S I I S B E L R D E S S
E L N B M I E S O T O E S H P E R A O I
E I S E D P R D A P T L V E E S V R P D
R E D S P E E E S M E H V E A O A L S A
C V Y A L Y D F L S E I E Y I P L S F R
Y E A L Y D O O D A T R L S E L E E O B
B A B M B I S R Y I V B E L I S E N I Y
R F E N B R P F S B A R A F F L D B D C
A F L L A S E N S E S E D S P E V A R R
D I E H O I E N E L L E S O P S F E V E
I S S P E S R A Y M R A Y M O N D E R A
```

1ST PLACE	AFFIRMED	2ND PLACE	ALYDAR
3RD PLACE	BELIEVE IT	4TH PLACE	DARBY CREEK ROAD

1979

FLYING PASTER
GENERAL ASSEMBLY
GOLDEN ACT
GREAT REDEEMER
KING CELEBRITY
LOT O GOLD
SCREEN KING
SHAMGO
SIR IVOR AGAIN
SPECTACULAR BID

```
K I N K I N G C E L E B R I T Y S H A K
G R E A T R E D S I R I V L O T O G O I
T C S L O T O G O I S P E C T A C U S N
R E M E E D E R T A E R G S C R G I P G
F L Y S S L S F G L O T O G O E E P E D
G R N H H O K L S N L O T O N L O T I E
R A I A A T I Y I G I N G E S H A B N H
E G A M M O N I R O E K R S P E R O L F
A O G K G G G N I L B A N R A A D O S L
T L A I O O C G V O L G N E L L T V I Y
R D R N G S E P O A S R O U E O P G R I
E E O G O P L A S S H O C L G R G O I N
D N V C L E E S K C A A N O D A C L V G
L A I E D C E T I R T I L E G E R S O P
O L R L E M S E N C M D G R E A N B R A
T O I E B G I R E S C R E E N K I A A M
O T S L D R R P S I R I L O T O G O C C
G O Y L O E S K I N F L Y I N G P A S T
```

1ST PLACE	SPECTACULAR BID	2ND PLACE	GENERAL ASSEMBLY
3RD PLACE	GOLDEN ACT	4TH PLACE	KING CELEBRITY

BOLD N RULING
DEGENERATE JON
EXECUTIONS REASON
GENUINE RISK
GOLD STAGE
HAZARD DUKE
JAKLIN KLUGMAN
PLUGGED NICKLE
ROCKHILL NATIVE
RUMBO
SUPER MOMENT
TONKA WAKHAN
WITHHOLDING

```
M G O A B O L D N R T O N K A W G E N U
D S N G E N P O S U P E R M O M E N T U
N U W I N M U L J A K L R O C K H I G K
O P I H L O D D U N A H K A W A K N O T
J E T A G U S E A G P L U G G E G X R R
E G H Z E J R A J B G G G E N E E G O G
T O H A N A P N E U I E S D N A N C M E
A L O R U K L G D R R I D U E I K B J N
R D J D G L U E J L S K I N D H R O A U
E S A B E I G N A O O N I L I N U L K I
N T K R N N G U K K E B O L R C M D L G
E A L O U K E I L R G H L I G U K N I O
G G I C I L U N I G H N K K T V M L N L
E E N K N U R S D T A R O C K U L B E D
D M M H R G K M I T H A Z A R D C D O S
B U S I U M E W I A G O L D S T G E S T
T O N K M A I V R O C P L U G G E D X R
N T O N K N E R R H A Z A R D D U K E E
```

1ST PLACE	GENUINE RISK	2ND PLACE	RUMBO
3RD PLACE	JAKLIN KLUGMAN	4TH PLACE	SUPER MOMENT

BEAU RIT
BOLD EGO
CLASSIC GO GO
CURE THE BLUES
DOUBLE SONIC
FLYING NASHUA
GOLDEN DERBY
HABANO
HOEDOWNS DAY
MYTHICAL RULER
NOBLE NASHUA
PARTEZ
PASS THE TAB
PLEASANT COLONY
PROUD APPEAL
SPLENDID SPRUCE
TAP SHOES
TELEVISION STUDIO
TOP AVENGER
WELL DECORATED
WOODCHOPPER

```
H U O L A E P P A D U O R P M A P B O L G
O G S H O E D W O O P A S Y H O E A L E O
E T E L E V I S I O N S T U D I O L P N L
D A P A S S D W H A B H G C U R O A U O S
N U P L E A O F L Y I P O B Y U S B Y G P
O H T G O L U Z D C Y A L Y E S Y B E O L
B S S I A P E P A E G R N P T U R D P G E
L A R B R T U L P O T O I H E E U G A C N
E N G E R U R A A H L A E E D O R H S I D
N G S A G U A G S O O T R N N O B A S S I
A N P L L N A E C W A E E O I U B B R S D
S I O E W U E T B B O D D R C O M A P A S
H Y R N O N N V L N L O A O L E H N R L P
U L D O O A B P A O B O D D W A D O O C R
A F O B S P O L G P H T E C P N A L U E U
B N U A E A L E Y I O G P C H E S P L E C
O E E S O R D A E I O T T A P O N D S E E
L L Y S E U L B E H T E R U C T P A A S W
P W L C S S E O H S P A T D M A D P G Y C
N O D O U B L E S O N I C O Y P O O E D U
O O O R C S F L Y I T A P U T S U P P R R
```

1ST PLACE	PLEASANT COLONY	2ND PLACE	WOODCHOPPER
3RD PLACE	PARTEZ	4TH PLACE	CLASSIC GO GO

1982

AIR FORBES WON
BOLD STYLE
CASSALERIA
CUPECOYS JOY
EL BABA
GATO DEL SOL
LASER LIGHT
MAJESTYS PRINCE
MUSIC LEADER
MUTTERING
NEW DISCOVERY
REAL DARE
REINVESTED
ROCKWALL
ROYAL ROBERTO
STAR GALLANT
WATER BANK
WAVERING MONARCH
WOLFIES RASCAL

```
W B O L D S T Y L M U S I C L E L R N E U
M M C U P E C O Y A C A S S A T L L I W C
C A S S A L E R I A C O E C L H A M R A A
R J M U T T E R I R A S U E A G W U E T S
E E G N I R E T T U M P A I K I K S I E S
D S R W M U S S E F E E R R L L C I N R A
A T E S A N L L G C S F L O S R O C V B L
E Y L T A V B R O D O O S O C E R L E A E
L S B A B A E Y G R E L R C A S I E S N U
C P A R B W S R B B E T R E S A R F S K O
I R W A C J W E I D O L S R A L E E L T K
S I O L O S S W O N G L O E L L A O R O B
U N L Y L W O T E P G O D C V O D E L R W
M C F R O L A R E A G M A S O N B A A O L
A E I N K G P M U T T E O R T O I N R Y C
N E W D I S C O V E R Y L N R Y T E C E U
C U P E R A I R F O R B W L A N L T R B P
T N A L L A G R A T S R A W O R R E R O E
A W H C U P E C O Y A Y C B O L C L E L C
R E I R E I N V E S O S T A R G E H A D O
M A J E S T Y L O R S D W A T E R B A S Y
```

1ST PLACE	GATO DEL SOL	2ND PLACE	LASER LIGHT
3RD PLACE	REINVESTED	4TH PLACE	WATER BANK

1983

BALBOA NATIVE
CAVEAT
CHUMMING
COUNTRY PINE
CURRENT HOPE
DESERT WINE
EXPLOSIVE WAGON
FREEZING RAIN
HIGHLAND PARK
LAW TALK
LUV A LIBRA
MARFA
MY MAC
PARFAITEMENT
PARIS PRINCE
PAX IN BELLO
PLAY FELLOW
SLEW O GOLD
SUNNYS HALO
TOTAL DEPARTURE

```
E C K L L C E B A L B O A N E M C A B C P
X A D U C N U D E S E F A R A Y A P A O A
P W L V N H L R A A R A U M E M V K L U R
L P O A N L U E R E L T C O U C S R B N I
O A G L A A R M E E R A R T O P L A O F S
S R O I L W N Z M A N N W U E L E P A R P
F F W B U E I O P I E T N T B A W D F E R
R C E R O N F E G N N T H N A Y O N R E I
E A L A G N D Y I A R G A O A L G A E Z N
E V S R M L A W A Y W A C T P O K L E I C
Z E A N A A T B P L W E A C E E E H Z A E
I I A T N R U I L H P T V E X P L G C P S
N R O E E C N C H U M U E I F B M I H A L
R T F S A E P A R A F R A M S Y Y H U R E
T N E M E T I A F R A P T S R O M M M I S
P D Y L U V P L A Y F E C A V E L H M S U
A M A R L U V A L I P S U N N Y S P I P N
R E X P L O S K M Y M C U R S L E W X E N
F P A X I B A L B O A N A T I V E E M E Y
A P A X I N B E L L O C O U S U N N Y S S
I C O L A H S Y N N U S C A V F R E E Z I
```

1ST PLACE	SUNNYS HALO	2ND PLACE	DESERT WINE
3RD PLACE	CAVEAT	4TH PLACE	SLEW O GOLD

1984

ALTHEA
AT THE THRESHOLD
BEAR HUNT
BEDOUIN
BILOXI INDIAN
COAX ME CHAD
FALI TIME
FIGHT OVER
GATE DANCER
LIFES MAGIC
MAJESTIC SHORE
PINE CIRCLE
RAJAS SHARK
REXSONS HOPE
SECRET PRINCE
SILENT KING
SO VAGUE
SWALE
TAYLORS SPECIAL
VANLANDINGHAM

```
B E A R H U I H B I L O X I I N D I A N I
E G E E R A J V B E D S E C R E T P S E C
C O A X R N L G A E R E C N A D E T A G P
E U G A V O S I C N E S B C S W A R N B I
R A J A S S H A L T L W E O S S W A E F N
C B E D O U S S S W A A D A W I A D T A E
O P I N E C I R C L E L N X A T O G S L C
A A S I L E N T B I I E A D T U B A O I I
X E R A J A S A E A T T I H I H E T V T R
M H R K S R S Y A M N S E N E N D E A I G
E T E A R T W L F U M T E C S L G D G N E
C L V B S A A O H A H O E J I L S H I I P
H A O I I H H R A R L P I F A T N K A E O
A R T L L N A S E A E I E A I M T M P M H
D E H O E E I S S O E S T F C N P A I S S
B X G X B I H P L A M K H I E E I J N E N
E S I I U O F E U A J I H L M T N E E C O
D O F I L I A C G E E A I C E E E S C R S
O N O D M B L I H E S S R B I L C T I E X
L S F A L I C A V F I G H T O V I I R T E
R A J A S S H L E C N I R P T E R C E S R
```

1ST PLACE	SWALE	2ND PLACE	COAX ME CHAD
3RD PLACE	AT THE THRESHOLD	4TH PLACE	FALI TIME

1985

CHIEFS CROWN
ENCOLURE
ETERNAL PRINCE
FAST ACCOUNT
FLOATING RESERVE
I AM THE GAME
IRISH FIGHTER
PROUD TRUTH
RHOMAN RULE
SKYWALKER
SPEND A BUCK
STEPHANS ODYSSEY
TANKS PROSPECT

```
L E T E T N U O C C A T S A F S P E N D
F A S T A C C I A M T H E G A M E N R S
P I R I S H F I G F L O A T I N G R T I
R F L O A T I N G R E S E R V E A E I A
O E R A I I S R N P R O H I R I P A N M
U T T O R R K S H R I T E T E H S K Y T
D A O E I I Y K E O U F A S A S P E R H
S N E S R S W Y N R M E E N R H O E I N
K K N K T N A W T R U A S S E N T R R W
Y S C S C Y A D I A M O N N P H S E I O
W P O K K U U L R I D F C R G P P N S R
A R L Y S O B C P Y A O T I U S E C H C
L O U W R E R A S R L K F T U L N O F S
K S S P S K Y S D U I H I R I U E L I F
E P F L O A E M R N S N E N C O L U G E
R E E N C Y V E L I E E C C H I E F S I
K C T A N K S P R A W P R E P R O U D H
C T T A N K S I I R I S S S P E N D A C
```

1ST PLACE	SPEND A BUCK	2ND PLACE	STEPHANS ODYSSEY
3RD PLACE	CHIEFS CROWN	4TH PLACE	FAST ACCOUNT

BACHELOR BEAU
BADGER LAND
BOLD ARRANGEMENT
BROAD BRUSH
FERDINAND
FOBBY FORBES
GROOVY
ICY GROOM
MOGAMBO
RAMPAGE
SNOW CHIEF
SOUTHERN APPEAL
VERNON CASTLE
WHEATLY HALL
WISE TIMES
ZABALETA

```
E B I V S V B A C H E L I C Y G B O S U
S R C S N M E O R A M P A Y L O M L E M
N O Y E O O W R P D S O U T L F W F M O
O A O B W G I M N D N F S D S E I E I G
W D W R C A S O G O I A A L U R S R T A
C B I O F N U G R O N R L A R Z E D E A
H R S F A E U A O R R C E R A O T I S I
I U E Y S T R M E A B B A B E E I N I C
E S T B O F W D N G R O A S A G Y A W Y
F H F B U O S G I O A L R D T B D N H G
H S E O C B E R L N E P V E R L A A O R
G O R F R M A E R T A Y M A Y N E H B O
M U N I E A H M A A V N Y A W I S E T I
O T H N L C B A C O A R D S R R A M P A
G H T O A B M O O R G Y C I F O B B Y F
O E A B I C Y R B N R M O G A M B O N N
S O U T H E G W A L L A H Y L T A E H W
B R O S O U T H E R N A P P E A L L F R
```

1ST PLACE	FERDINAND	2ND PLACE	BOLD ARRANGEMENT
3RD PLACE	BROAD BRUSH	4TH PLACE	RAMPAGE

1987

ALYSHEBA
AVIES COPY
BET TWICE
CANDIS GOLD
CAPOTE
CONQUISTAROSE
CRYTOCLEARANCE
DEMONS BEGONE
GULCH
LEO CASTELLI
MASTERFUL ADVOCATE
MOMENTUS
NO MORE FLOWERS
ON THE LINE
SHAWKLIT WON
TEMPLAR HILL
WAR

```
T R E S O R A T S I U Q N O C W B S I L
E C L A T E M P A C E E T E M P R E M E
O M R C A P O B S A T M S H A E I A E O
T B B Y O U E A V I O A V I W T S O G C
M C E I T H N A L M P G B O O T T N L A
T E M T S O S O E K A L L C E O D T L S
Y U W Y T C C N W T C F C R M P E H I T
C P L W I W T L F T E A F T E M M E H E
O A O C W U I O E R I U L E O C O L R L
N T B C S E C C O A L L G U L N E I A L
N E E E S L L M E A R W K I L O C N L I
O A T W H E O F D E B A C W D M R E P T
M S T L H N I V B E T R N A A O Y N M E
O C C E P S O V C O N Q T C L H R O E M
C R H O E C A E A S D E M O E A S M T S
R Y Y C A E C A N D I S G O L D S H A W
Y S E T C R Y T D E M O N S B E G O N E
T E E N O M B E T T B E T H C L U G A A
```

1ST PLACE	ALYSHEBA	2ND PLACE	BET TWICE
3RD PLACE	AVIES COPY	4TH PLACE	CRYPTOCLEARANCE

1988

BRIANS TIME
CEFIS
DINS DANCER
FORTY NINER
GRANACUS
INTENSIVE COMMAND
JIMS ORBIT
KINGPOST
LIVELY ONE
PRIVATE TERMS
PROPER REALITY
PURDUE KING
REGAL CLASSIC
RISEN STAR
SEA TREK
SEEKING THE GOLD
WINNING COLORS

```
R I S I N Y P U R D T I B R O S M I J P
I A S U S N T S E E K P G R A N A C E U
S T P E C G S I L N R T S F O R T Y D R
R S U D E A K E L I M E P S E E R R N D
I O R I N K N E V A A L R D N S E R A U
S P D N B I I A R T E R I O O N S I M E
E G S S I R T N R B T R Y E I G E S M K
N N P R I E I E G G R L R N N R A W O I
S I C R T A K A E T E R Y E I A T I C N
T K R E K I N G N V H T O N P N R N E G
A N R E F M D T I S R E P U R O E N V R
R M J I M I P L M O T C G S E A R I I E
S G R A N A S L F T M I G O L T C P S G
K I N G P J I M S O R B M Y L E E N N A
R E G A L C L A S S I C R E P D F C E L
E E D I N S D A N C E R I P R G C E T C
E S R O L O C G N I N N I W O R E F N L
F O R T Y N I B R I A N S T P A F E I S
```

1ST PLACE	WINNING COLORS	2ND PLACE	FORTY NINER
3RD PLACE	RISEN STAR	4TH PLACE	PROPER REALITY

1989

AWE INSPIRING
CLEVER TREVOR
DANSIL
EASY GOER
FAULTLESS ENSIGN
FLYING CONTINENTAL
HAWKSTER
HOUSTON
IRISH ACTOR
NORTHERN WOLF
SHY TOM
SUNDAY SILENCE
TRIPLE BUCK
WESTERN PLAYBOY
WIND SPLITTER

```
Y O B Y A L P N R E T S E W G T H L R T
A S S W I N D S P L I T T E R L A S O R
W U U P N G E N O R T H E R N T W U T I
E N N F G F A U L T L E S N H K N C R
D D D O O E I T R I P L E E W O S D A O
H A A U D R R S Y H O L N U E U T A H V
O Y N T R I T W N T K I T A S S E Y S E
U S K S C M O H E E T C W H N T R S I R
S I W C I N E A E N S E U O O A S I R T
T L E L R L S N O R I S T B H A W K I R
I E S E H Y S C N N N S E T E D A N S E
R N T V G E G N S R U W R L S L I S H V
I C E O E N G P L O S L O W T O P L A E
S E E L I V I R H L I R I L Y L I I W L
H R S Y N R I I S H Y T S Y F S U I R C
A A L I I N O R T H E R N I S H Y A R T
C F U N A W E I N S R S H Y T O M T F I
T I G N O R T H S U N D A Y S I D C L E
```

1ST PLACE	SUNDAY SILENCE	2ND PLACE	EASY GOER
3RD PLACE	AWE INSPIRING	4TH PLACE	DANSIL

1990

BURNT HILLS
DR BOBBY A
FIGHTING FANTASY
KILLER DILLER
LAND RUSH
MISTER FRISKY
PENDLETON RIDGE
PLEASANT TAP
POWER LUNCH
REAL CASH
SILVER ENDING
SUMMER SQUALL
THIRTY SIX RED
UNBRIDLED
VIDEO RANGER

```
E N P S V I D E O R A N N L F L P L E A
S N E R I T H I R T Y H I I G L N T U A
I P N E P L P O W E C M G L A A H E N V
L L D A O R V L I N L H L A N U S T B I
V E T S W Y E E U B T L A N L Q A H R D
E A S M E I K L R I O R G A K S C I I E
L S R L S R R S N E E I N T I R L R U O
Y A K I L E T G I L N D A H L E A T N R
K I L L W I F U L R R D S I B M E Y B P
D P N O A A H I L U F I I W H M R S R O
R L P S N T D T S Y L R D N O U E I I W
B E E T T R B H N P O W E B G S P X D E
O A A N E P L E A R V I D T L N O R L R
O S I L S U M M E R U V I D S D W E E L
Y E L A Y B B O B R D B T H I I E D D I
U I B O P L E A S A N T T A P P M V I D
K V I D E O R E G N A R O E D I V T H I
L A N D R U P E N D L E T O N R I D G E
```

1ST PLACE	UNBRIDLED	2ND PLACE	SUMMER SQUALL
3RD PLACE	PLEASANT TAP	4TH PLACE	VIDEO RANGER

1991

ALYDAVID
ANOTHER REVIEW
BEST PAL
CORPORATE REPORT
FLY SO FREE
FORTY SOMETHING
GREEN ALLIGATOR
HANSEL
HAPPY JAZZ BAND
LOST MOUNTAIN
MANE MINISTER
PAULRUS
QUINTANA
SEA CADET
STRIKE THE GOLD
WILDER THAN EVER

```
N F N S T R I K E F M A N E M I N R Q E
N L A I H A P P Y O S E A C A D E U E S
B Y T E A S E A C R M A N E M T I R Q E
D E I R S T D N A T H A P P S N F E W L
N Z S G O T N Y L Y S T R I T O E I A O
A N N T E P R U Y S C E N A S M L B R S
B Q R H P F E I O O T I N Y D D S E A T
Z U H A B A T R K M M A L R E H S P L M
Z I A P E E L B E E T F E R E A T A E O
A N N P S P A G N T T S T C H P R U S U
J T S Y T A E A A H A H O G A P I L N N
Y A T S P U M H T I A R E L N Y K R A P
P D I V A D Y L A N O E O G S J E A H A
P H A P P Y J A E G F O R P O A T Q Q U
A Q U I N T A V L O S T M O R L H U U L
H D W E I V E R R E H T O N A O D I I R
M A N E M R S E A C A D E T A U C N T U
L G R E E N A L L I G A T O R T E T V S
```

1ST PLACE	STRIKE THE GOLD	2ND PLACE	BEST PAL
3RD PLACE	MANE MINISTER	4TH PLACE	GREEN ALLIGATOR

1992

AL SABIN
ARAZI
CASUAL LIES
CONTE DI SAVOYA
DANCE FLOOR
DEVIL HIS DUE
DISPOSAL
DR DEVIOUS
ECSTATIC RIDE
LIL E TEE
MY LUCK RUNS NORTH
PINE BLUFF
PISTOLS AND ROSES
SIR PINDER
SNAPPY LANDING
TECHNOLOGY
THYER
WEST BY WEST

```
L Y I S I T S E W Y B T S E W C C N D I S
H P Z P I M Y L D R D E V I O O A I L D N
D T A I S R S I R P I N D L P N S B C A S
E D R N N T P O S D O E E I M S U A O N N
V I A O A F D I R H U E S E Y N A S N C A
E S A P N A F D N D A T A C L A L L T E P
P C E I R S E U S D O B L S U P L A E F P
S E S N Y V N I L L E S S T C P I M D L Y
I C D T I S H U S B R R A A K Y E Y I O L
R S S O A L V A R I E E B T R L S L S T A
P T U C I T N I U K E N B I U Y O U A H A
I S S V Y D I A L T C Y I C D G E C V Y S
N U E I R D E C E I D U T P D O T W O R E
D D Y O M Y L L R E A A L S R L E E Y A C
L A S O P S I D C I N R D Y D O C S A L S
E E C A S L W E S R D A E D M N H T T S T
S P I N E B L U E I C E V O R H N B E A A
I S S N A P P Y L A N D I N G C O Y C B T
C O N T E D H D A N C E F L O E L W H O I
L I L E T T I M Y L U C K R U T O E N E C
Y O T D A N C E F L O D A N C E F L O O R
```

1ST PLACE	LIL E TEE	2ND PLACE	CASUAL LIES
3RD PLACE	DANCE FLOOR	4TH PLACE	CONTE DI SAVOYA

1993

BULL IN THE HEATHER
CORBY
DIAZO
DIXIELAND HEAT
EL BAKAN
KISSIN KRIS
MI CIELO
PERSONAL HOPE
PRAIRIE BAYOU
RAGTIME REBEL
ROCKAMUNDO
SEA HERO
SILVER OF SILVER
STORM TOWER
TOFFOFTHECOIN
TRUTH OF IT ALL
UNION CITY
WALLENDA
WILD GALE

```
K I S S I N K R T O F F O F T H R M E E R
M D I X I E L A N D H E A T T R O I T P L
N T C O R I T R U T H O F I S O C C R O E
H I R M S I L V E R O F N I R C K I U H L
W N O U E E R M O D I X L B T K A E T L B
W T A C T I L R T O F V W U R A M H H A A
P A T K E H E A R R E B I L U M U D O N K
R U L D A H O L G R R Y L L T U N I F O R
A N A L A B T F O D C R D I H R D X I S Y
I I O E E U L F I O L A G N O E C I L R T
R O S E I N S E O T G I A T F I L E W E I
I N C O R I D P I F A A W H I A B P I P C
E C L R L A N A L E F L O E M E L E L P N
B I L V I L T R U T H O L H R O S R D C O
M R E W O T M R O T S M T E Z O I S G O I
I R P R A I R I E B I E M A C U L O A R N
C W I L D G A E W C E I I T O E L B A K U
K I S S I N K R I S T D Y H R W A L L E N
S I L V E N R E E G M I C E B K S S I L
E E L B A K L C A R A G T R Y C P R A I R
R O C K A O U R U O Y A B E I R I A R P B
```

1ST PLACE	SEA HERO	2ND PLACE	PRAIRIE BAYOU
3RD PLACE	WILD GALE	4TH PLACE	PERSONAL HOPE

BLUMIN AFFAIR
BROCCO
GO FOR GIN
HOLY BULL
MAHOGANY HALL
MEADOW FLIGHT
POWIS CASTLE
SMILIN SINGIN SAM
SOUL OF THE MATTER
SOUTHERN RHYTHM
STRODES CREEK
TABASCO CAT
ULISES
VALIANT NATURE

```
D R C O T H G I L F W O D A E M B R O C
N U F S T R O D E S C R R S B H O L S V
T A C O C S A B A T O M V O E E L V O A
S B R O C E F L T N A R A U E L G L U L
M M L T G G L M C H A K L L R T O V T V
R H I H O U I H O H E S I O U S F A H A
U V T L B R L G L E S O A F T A O L E L
L A H Y I T A S R R O U N T A C R I R I
I L L O H N B C E C U T T H N S G M N A
S O N R Y R S N O S T B N E T I G E O N
H O N H O E N I N R I E I M N W F A T T
A L A C D W T R N E A L D A A O P D A N
I L C O S M I L E G E D U T I P O O B V
L O R M E A D O W H I M Y T L V W W A E
S T V A L I A N T N T N T E A T I F S B
S G M G O F O R G I N U S R V A S L C R
A D C E S T R O D E S C O A O B C Y O O
N B L U M I N A F F A I R S M A N G C C
```

1ST PLACE	GO FOR GIN	2ND PLACE	STRODES CREEK
3RD PLACE	BLUMIN AFFAIR	4TH PLACE	BROCCO

AFTERNOON DEELITES
CITADEED
DAZZLING FALLS
ELTISH
IN CHARACTER
JAMBALAYA JAZZ
JUMRON
KNOCKADOON
LAKE GEORGE
MECKE
PYRAMID PEAK
SERENAS SONG
SKI CAPTAIN
SUAVE PROSPECT
TALKIN MAN
TEJANO RUN
THUNDER GULCH
TIMBER COUNTRY
WILD SYN

```
D A Z Z L I N T I M B E R C M T P Y R A M
W I L D S T D A Z Z L I N G F A L L S C E
T A L K I M E C K E O T C I J L C Y L J T
L K N A M E C J E I N H I T U K T R I A I
T P E Y F R S N A Y F G N H M I H T E M M
D E E D A T I C S N N Y C U R N U N L B B
N L T M E C E D L O O E H N L M N U T A R
F A S C J N L R S L O R J U K A D O I L E
S K E S E I I S N R N A U N H N E C T A T
K E R K W P A A H O M A O N S A R R C M C
I G E I L N S P T B O C E K I J G E I S A
C S N C E A P O A P K N C N T U U B T K R
A E C R T A L L R A A U D O L M L M A I A
J R E J E W A J D P U C O E E R C I D C H
A S P P U Y T O A H E R I M E T H T E A C
M U Y E A M O J A M B V S K E L N A I T N
B M R J G N R J A M B A A G S N I N N H I
T L A K E G E O R G E C M U P Y R T C U T
N Z L A K E G E N S E R E N S S N K E N A
Z O D A Z T I M B E R C I N C H A R A S L
K N O C K A K A E P D I M A R Y P I N C K
```

1ST PLACE	THUNDER GULCH	2ND PLACE	TEJANO RUN
3RD PLACE	TIMBER COUNTRY	4TH PLACE	JUMRON

1996

ALYROB
BLOW OUT
BUILT FOR PLEASURE
CAVONNIER
CORKER
DILIGENCE
EDITORS NOTE
GRINDSTONE
HALO SUNSHINE
HONOUR AND GLORY
IN CONTENTION
LOUIS QUATORZE
MATTY G
PRINCE OF THIEVES
SEMORAN
SKIP AWAY
UNBRIDLEDS SONG
VICTORY SPEECH
ZARBS MAGIC

```
A M E E S K I P A W N O V I C T O R E Y U
L A I T H A L O S U N S H I N E I T A T A
Y T R O C A V O E K C A V C N N N W M B R
R T T U O W O L B Z V I C T O R A J U E E
H A L O S U S E M O R A N M O P Y I K B S
O N A H C E E P S Y R O T C I V L R E L O
P O O A C A V O M O C A T K A T O N E O G
R I H E B L O W O A E E S A F C S K I N D
I T A O T C A V V E T O G O U S K I O A I
N N G S N O I O Z D T T R W E Q R S C L L
C E E R N O N I A I E P Y I C E S R A Y I
E T D N I N U S R T L E G G N D Z I V R G
O N I C I N R R R E O D R N E C A H U C E
F O T E P N D G A O O I I L G O R A S O T
T C R Z A R B S E N T T D B I R B L K I L
H N B L O W U E T T D I E L L K S O E N V
I I A L Y R O B P O R G D O I A M S D C I
E L O U E C O R G B N R L E D L A U I O C
V Y D I L I G E N W B E G O I Y G E T N T
E L O U I S Q U D I L I G E R R I I O T O
S M A T T H A L O S U Z A R B Y C K R I R
```

1ST PLACE	GRINDSTONE	2ND PLACE	CAVONNIER
3RD PLACE	PRINCE OF THIEVES	4TH PLACE	HALO SUNSHINE

1997

CAPTAIN BODGIT
CELTIC WARRIOR
CONCERTO
CRIMSON CLASSIC
CRYPTO STAR
DEEDS NOT WORDS
FREE HOUSE
HELLO
JACK FLASH
PHANTOM ON TOUR
PULPIT
SHAMMY DAVIS
SILVER CHARM

```
S I V A D Y M M A H S T L C C R Y P C O
F R E E J A C K F L A T R H H S H A E P
R I P H A N T O M O M C S E R H D L P P
D R C V P H A N T R M P A P L C E E T H
C S O C A P T T A S R H P U J R L E I A
O I C I C E L H O P U A T L A Y C D C N
N L R S R C C N C R O N A P C P M S T T
C V Y I P R C O A S T T I P K T J N I O
E E P L E L A T T H N O N H F O A O P M
R R T V A R S W S A O E B A L S C T L F
T C L S C O H P C R M C S O A T K W U R
O I S F T E P U L I O A E U H O F O P E
S I L P L F R E E H T P T H O C L R A E
C V Y L C E L T I C N L Y E O H A D F H
E R O S H A M M Y D A C E L L L E S R O
C C C E L T I C W A H A E C F R E E E U
H S A L F K C A J L P D E E D S N T R S
S P H A N C A P T A I N B O D G I T N F
```

1ST PLACE	SILVER CHARM	2ND PLACE	CAPTAIN BODGIT
3RD PLACE	FREE HOUSE	4TH PLACE	PULPIT

1998

ARTAX
BASIC TRAINEE
CAPE TOWN
CHILITO
FAVORITE TRICK
HALORY HUNTER
HANUMAN HIGHWAY
INDIAN CHARLIE
NATIONALORE
OLD TRIESTE
PARADE GROUND
REAL QUIET
ROBINWOULD
ROCK AND ROLL
VICTORY GALLOP

```
Y G R C R I R O C K A N D R I N D I A N
A H O H O N F E R O L A N O I T A N E N
W A C A B D R A O L D T R I E T T E P A
H L K L I I O L V C A P E T I E N I A T
G O A O N A P M O O P A R N I I A A R I
I R N R W N R O I O R N D U A V R R C O
H Y D Y O X O N L R G I Q R A I O T A N
N H R H U A B D R L A L T T I C B T P A
A R E U T T T D O N A C G E I T I A E L
M O A N N R A E C E I G T O T O N R T A
U B L T I A I H R S E I Y C T R W T O R
N I Q E R N A A A C A P E R H R I V W O
A R S R C R O B C A P E T O O I K C N C
H T D A L R O B I N W O U L D T L A K K
E N R I L L O R D N A K C O R E C I N A
R A E D L O L D T R I E S R O B I I T T
A T W P A R A D E G R O U N D I N D V O
C A P E T O R E A L Q U I A R T I A R T
```

1ST PLACE	REAL QUIET	2ND PLACE	VICTORY GALLOP
3RD PLACE	INDIAN CHARLIE	4TH PLACE	HALORY HUNTER

1999

ADONIS
ANSWER LIVELY
CAT THIEF
CHARISMATIC
DESERT HERO
ECTON PARK
EXCELLENT MEETING
FIRST AMERICAN
GENERAL CHALLENGE
K ONE KING
KIMBERLITE PIPE
LEMON DROP KID
MENIFEE
PRIME TIMBER
STEPHEN GOT EVEN
THREE RING
VALHOL
VICAR
WORLDLY MANNER

```
E N L E M O N D R O P K I D V G T E X C E
A P R I L E M O N D R O B S E T H C A T T
N F E I H T T A C V I C T V I C R I I N F
S N L V I C O W O R L E M A L V E S R A I
W M E E E G N R P C P E D E A A E D G C R
E E M N R M E I E H K O C F N L R N P I S
R N O E N E G N E H N H H L H H I K T R T
L I N E E R N N E I T C A A O T N O V E A
I F D F A C G N S R H R R B E H G N A M M
V I R I A O T N A A A O E E I S L E L A E
E L O N T I V O R M V L M S R L L A H T C
L O N E A N S I N K Y T C G E T E A V S H
Y S V M L E S E G P N L R H N D M A E R A
N E K I M M R N T E A C D O A R O D S I R
N D E S A I I H L P P R C L H L N O T F I
S L T T E K N L K O N E K S R A L N E G S
T N I E E K E N E V A L H H H O I E P E M
E C T N L C M E N I F C A T T H W C N E A
P I O P X E E V I C A R P R I M E T I G T
H K N E V P R I M E T I M B E R E C T O E
S T E P H E N E P I P E T I L R E B M I K
```

1ST PLACE	CHARISMATIC	2ND PLACE	MENIFEE
3RD PLACE	CAT THIEF	4TH PLACE	PRIME TIMBER

ANEES
APTITUDE
CAPTAIN STEVE
CHINA VISIT
COMMENDABLE
CURULE
DEPUTY WARLOCK
EXCHANGE RATE
FUSAICHI PEGASUS
GRAEME HALL
HALS HOPE
HIGH YIELD
IMPEACHMENT
MORE THAN READY
RONTON
THE DEPUTY
TRIPPI
WAR CHANT
WHEELAWAY

```
T H H I G H Y I E E L U R U C T H E D E F
C U C U R U T H E D D L E I Y H G I H U A
T H E D E P U L L A H E M E A R G L S A I
A N E E S I C O M M E N D A B L E A A N E
H W C Y I K U C H I H D E P U T I N M O R
I A H I T O C E D A A P T I T C O T R I P
G R I M R U W O L M O R E T H T T I M P E
E C N P O E P S L T R I P I N Y N E D T W
T H A E N M H E H R V R P O M E V E I A H
A A T A T O O M D T A E R C H E I S H N E
R N N R P I W R A E G W S U T T I H I E E
E T T E I M H A E A H T Y S A V W A G R L
G I H H Y P E H S T I T N T A T H L H C A
N M E A A E P U G H H I S N U U E S I A C
A P D L W A S I R T A A I E M P E H G P H
H E E S A C A T A T S H N I O C E O H T I
C A P H L H N R P U C L L R R H C D Y A N
X C T O E M E A M O R E T H E I U C I I A
E H R E E E C O T R I P M O R A R A E N A
H M I X H N C D E P U T Y W A I D P U U N
Y V P C W T A P T I T U D E D E P Y E E E
```

1ST PLACE	FUSAICHI PEGASUS	2ND PLACE	APTITUDE
3RD PLACE	IMPEACHMENT	4TH PLACE	MORE THAN READY

A P VALENTINE
ARCTIC BOY
BALTO STAR
CONGAREE
DOLLAR BILL
EXPRESS TOUR
FIFTY STARS
INVISIBLE INK
JAMAICAN RUM
KEATS
MILLENNIUM WIND
MONARCHOS
POINT GIVEN
SONGANDAPRAYER
STARTAC
TALK IS MONEY
THUNDER BLITZ

```
E D T C O N G A E T A R C T I A P V A L
M O N A R C H O S H E R F I F R M B A B
A T X I B A L T O U U M T T F E I E R A
P R J R W M O N S O P H A I H Y L E C L
V L L A R M N P T T U A F D N A L R T T
A A L R M S U S N N A T V E C R E A I O
L R T I G A S I D A Y R V C O P R G C T
T C S R B E I E N S B I T N N A C N B T
A T T T R R R C T N G B M A G D O O O A
L T L P A B A A A T E R I E C N N C Y L
K R X L L E R L N N R L L X T A G B K K
I E T I M S K I L N R C L P A G A B E I
S X T A P V O R R O T U I I L N J A A B
M Z E X P P P O I N D A M O M O A L M A
O P O I N T F I F T Y T A L K S M T O L
N I N V I S I B L E I N K P O I A O N T
E C E X P R E D O L R A T S O T L A B O
Y S P O I N T E N I T N E L A V P A T A
```

1ST PLACE	MONARCHOS	2ND PLACE	INVISIBLE INK
3RD PLACE	CONGAREE	4TH PLACE	THUNDER BLITZ

2002

BLUE BURNER
CAME HOME
CASTLE GANDOLFO
EASY GRADES
ESSENCE OF DUBAI
HARLANS HOLIDAY
ITSALLINTHECHASE
JOHANNESBURG
LUSTY LATIN
MEDAGLIA D ORO
OCEAN SOUND
PERFECT DRIFT
PRIVATE EMBLEM
PROUD CITIZEN
REQUEST FOR PAROLE
SAARLAND
WAR EMBLEM
WILD HORSES

```
J O H A L U S T Y L A T I N P E R F E C T
E A S Y I A B U D F O E C N E S S E J S E
N H R E N R U B E U L B E A S Y G Y O A M
C A S T L G C A M E H O M E Y U A N H A E
P R I V A T R P R I V A T E L D E O A R L
E I P R O U D U P R O U D C I I H F N L B
A P T W I L D H B W I L D L P E R L N O M
S R A S R E Q U E S T F O R P A R O L E E
Y I M A A E N F D L E H B O R P L D C R R
G V P E E L T E B N S N M M E C U N A F A
R A R P D E L R Z N A E N R N A S A S M W
A T I R O A R I A I O L F A O S T G S E J
D E V I C B G L N B T E R C H T Y E L D O
E E A P E F R L F T C I E A R O S L N A H
S M C R A A P L I T H A C P A R J T E G A
H B A I H I T S D A N E A D O S J S S L N
A L S V C A M R R S D R C H U S O A S B N
R E T A O D I C O O S O D H A O H C E L S
L M L T C F H U W I L L R H A N R A N U A
A T E R T L N W A R I O R O E S S P S E A
M E D A G D S G Y W W I L D H O E G T B D
```

1ST PLACE	WAR EMBLEM	2ND PLACE	PROUD CITIZEN
3RD PLACE	PERFECT DRIFT	4TH PLACE	MEDAGLIA D ORO

2003

ATSWHATIMTALKNBOUT
BRANCUSI
BUDDY GIL
DOMESTIC DISPUTE
EMPIRE MAKER
EYE OF THE TIGER
FUNNY CIDE
INDIAN EXPRESS
LONE STAR SKY
OFFLEE WILD
OUTTA HERE
PEACE RULES
SCRIMSHAW
SUPAH BLITZ
TEN CENTS A SHINE
TEN MOST WANTED

```
T I N D I A N E X P R E S S D B S C R I
E Y O E M E W C K E Y E D A U I N D E E
N E U T S N D C P E M B D D O F F R B M
M Y T E U I L W A E E P D I I N E P E P
O E T N P H I H A C A Y I H C H R T I I
S O A C A S W S T H G C N R A Y U R N R
T F H E H A E C M I S N E T E P N M D E
W T E N B S E R L T U M T R S M F N I I
A H N T L T L I H E T U I I U E A R U S
N B R A I N F M O N O E D R U L E K U F
T P E A T E F S F C B C E I C I E I E D
E S C R Z C O T F R I T E N M S A S L R
D T U O B N K L A T M I T A H W S T A A
S L E S S E N N S T D B U D D Y G P E A
C O M C U T C E L O N E S P E A C E R U
R N P R P U M O U T T A U O F F L E E W
I E I E S O R E G I T E H T F O E Y E S
M S R I D L O N E S T A R S K Y S C R I
```

1ST PLACE	FUNNY CIDE	2ND PLACE	EMPIRE MAKER
3RD PLACE	PEACE RULES	4TH PLACE	ATSWHATIMTALKNBOUT

2004

ACTION THIS DAY
BIRDSTONE
BORREGO
CASTLEDALE
FRIENDS LAKE
IMPERIALISM
LIMEHOUSE
LION HEART
MASTER DAVID
MINISTER ERIC
POLLARDS VISION
PRO PRADO
READ THE FOOTNOTES
SMARTY JONES
SONG OF THE SWORD
TAPIT
THE CLIFFS EDGE

```
S O N T E S M A R T Y J O N E S I M A S
L I M E H O S P R O P R A T A P M E M A
S C V T A P N O R O M A S T E R P S A C
N E T A P I T T N E G B O R R E E M S T
O A T L E A S H P G E E V S E T R A T I
I D P O I T O E R L O D R G T M I R E O
S O R D N M N C O I I F D R I S A T R N
I D O S I T E L P L E E T N O M L Y D G
V A P O M S O H I N S C I H I B I M A S
S R R N P M N O O F I S I R E E S A V M
D P O G E A N T F U T L M A G S M S I A
R O P O R H S I U E S N P M I N W T D R
A R R F E D L R R I H E F R I E B O F T
L P A A R C P E C A S T L E D A L E R Y
L H R I E N R B O R S I D C A S T L E D
O T B H V I P R O P R A L A M I N I S T
P T T P C S E E K A L S D N E I R F O L
O Y A D S I H T N O I T C A I R L I O O
```

1ST PLACE	SMARTY JONES	2ND PLACE	LION HEART
3RD PLACE	IMPERIALISM	4TH PLACE	LIMEHOUSE

2005

AFLEET ALEX
ANDROMEDAS HERO
BANDINI
BELLAMY ROAD
BUZZARDS BAY
CLOSING ARGUMENT
COIN SILVER
DONT GET MAD
FLOWER ALLEY
GIACOMO
GOING WILD
GREATER GOOD
GREELEYS GALAXY
HIGH FLY
HIGH LIMIT
NOBLE CAUSEWAY
SORT IT OUT
SPANISH CHESTNUT
SUN KING
WILKO

```
S U N K I C O I N S I L B E L L A L T N O
G O R E H S A D E M O R D N A O K N N K I
R B T D A M T E G T N O D S O R E Y L M Y
E E N A N W I L D O N H I U B M S I F L O
A L S O F B E L L M I W N N U R W N O B G
T L O C B R S O W G W I O G G I A C O R A
E A R O C L H U H R I L R H I G H L E C L
R R T I L F E L N I L A R A N D R E H I G
G E I N O D I C L K G B E L L A L H I G H
O V Y S X M S P A N I S H C H E S T N U T
O L Y A I E X A I U A N O I Y A G C L O D
D I E T B A L S L H S G G S C N R E S A N
A S L H G S O A N I H E G M L D E L O A I
E N L I Y L D R T G N A W T O R E R R F G
G I A G C G A R N E L B L A S O Y B T L I
O O R H I I N F A A E L A U Y M A U I E A
I C E L N A D M X Z R L T N A S N Z T E C
N V W I T C R Y N Y Z U F L D R D Z O T O
G G O I N G W I L D R U L A S I R A U A M
W R L H I G H F L Y E E B S U N N R T E O
I L F G R E E L I M B C L O S I N I B U Z
```

1ST PLACE	GIACOMO	2ND PLACE	CLOSING ARGUMENT
3RD PLACE	AFLEET ALEX	4TH PLACE	DON'T GET MAD

2006

A P WARRIOR
BARBARO
BLUEGRASS CAT
BOB AND JOHN
BROTHER DEREK
CAUSE TO BELIEVE
DEPUTY GLITTERS
FLASHY BULL
JAZIL
KEYED ENTRY
LAWYER RON
POINT DETERMINED
PRIVATE VOW
SEASIDE RETREAT
SHARP HUMOR
SHOWING UP
SINISTER MINISTER
STEPPENWOLFER
STORM TREASURE
SWEETNORTHERNSAINT

```
S E L L U B Y H S A L F D E P U B P S T O
S B E R U S A E R T M R O T S N J R R B F
B I A R E P K E Y E D F L A S A T I L N S
R K N O V O A B F B L U E G Z Y T U V S T
O E A I H I B L L S B A R I R S E B W S O
J R G R S N R U A C H Y L T H G N E S H R
A E T R B T B E S A W A N U R D E O T O M
Z D A A A D E Z F U W E R A N T A E E W K
S R E W R E L R S L D O S P N H V K P I T
I E R P B T A S M E O S V O H E P E P N P
N H T A P E W E Y I C W R E I U R Y S G O
F T E B O R Y E A A N T N L T T M E E U I
L O R O I M K A T N H I E E R A I O A P N
A R E B N I A P S E E B S U P I V A R J T
S B D S T N I W R R O S K T O P O I B A S
H A I H B E R N T T E T P E E B E A R Z T
F P S A O D S D E E L O S T O R I T N P O
L W A R B A N S A N O R R E Y W A L S A R
A A E P I O U D E P U T Y G L I T T E R S
S R S N B A R B A R O E P R I S T E P K J
H R T A C H B O B U B O B A N D J O H N T
```

1ST PLACE	BARBARO	2ND PLACE	BLUEGRASS CAT
3RD PLACE	STEPPENWOLFER	4TH PLACE	BROTHER DEREK AND JAZIL

2007

ANY GIVEN SATURDAY
BWANA BULL
CIRCULAR QUAY
COWTOWN CAT
CURLIN
DOMINICAN
GREAT HUNTER
HARD SPUN
IMAWILDANDCRAZYGUY
LIQUIDITY
NOBIZ LIKE SHOBIZ
SAM P
SCAT DADDY
SEDGEFIELD
STORM IN MAY
STORMELLO
STREET SENSE
TEUFLESBERG
TIAGO
ZANJERO

```
R D C H T W S C A T D A A N Y G I V T I A
L O I H A R S T O R M I N M A Y D L G S A
I M M A C R T R B W A N A B C S O I R Z A
Q I A S N T D I E D R Y N I S E M Q E E O
U N W T W Y S S T T D E R L T D I U A S R
I Z I R O B G W P D N C E I O G N Z T N E
D A L E T W A I A U U U E Q R E I D H E J
S N D E W A W D V L N O H U M B C O T S N
T J A T O N T P A E F O S T O Z A M M T A
R E N C C A D R L C N E S H A A N I C E Z
E L D E C A Q T I L D S S A S E E N I E R
O L C S A U L I Q G U E A E T R R C R R S
T G R S A M P U E A K B N T R W U G C T C
R S A Y D O M F E I A A A L U R A U U S A
O E Z I Z U I O L A M S A N L R C A L R T
L D Y I T E R Z S T O R U I A T D T I A D
I G G J L D I I S E D G N C G W B A I B A
Q E U D C B O I N O B I Z L U S B M Y A G
U F Y T O G R E A T H N S T O R M E L L O
I U P N C I R C U L Y T I D I U Q I L O M
D S T O R G R E B S E L F U E T A N Y G I
```

1ST PLACE	STREET SENSE	2ND PLACE	HARD SPUN
3RD PLACE	CURLIN	4TH PLACE	IMAWILDANDCRAZYGUY

ADRIANO
ANAK NAKAL
BIG BROWN
BIG TRUCK
BOB BLACK JACK
COLONEL JOHN
COOL COAL MAN
COURT VISION
COWBOY CAL
DENIS OF CORK
EIGHT BELLES
GAYEGO
MONBA
PYRO
RECAPTURETHEGLORY
SMOOTH AIR
TALE OF EKATI
VISIONAIRE
Z FORTUNE
Z HUMOR

```
S M O P O P B O B B L A C B O B B L A C V
R E A Z Y V I S I O N A F O E N J A S B I
O I I L O R B I G B R O W N A A C D M A S
P Y A G G H O A D R T T A O A M O R O D I
A I E H H Z F O R A G A P Y D L L I R R O
D E N I T T I A L Y Z L M G R A O A E I N
A T A L I O B E P H M E P N I O L N C A A
N N Z H U M O E U B O B B L A C K J A C K
A B H R O F V M L A H B C S N L V G P A C
K P A O E N O I S L L D O M O O I A T N O
N Y I K J R O L S A E K U O N O S Y U A W
A O A R C L N G K I R S C O H C B E R K B
K T S M O O E A N O O O T G V   E E N O
I C O L O N N N C F W N C G A I G I T A K
A C O O L K A F O B C L A R Y S T G H K C
D Z B Y A O O D O L M O N I E I R H E A U
R H A N G S L Y I M O N B A R O U T G D R
I U A E I C C V I S I C G E D E W B L T T
A M Y N R A N O I S I V T R U O C E O A G
O A E B L B O B B L E I G H T B E O R L I
G D G N W E N U T R O F Z E I G H T Y E B
```

1ST PLACE	BIG BROWN	2ND PLACE	EIGHT BELLES
3RD PLACE	DENIS OF CORK	4TH PLACE	TALE OF EKATI

ADVICE
ATOMIC RAIN
CHOCOLATE CANDY
DESERT PARTY
DUNKIRK
FLYING PRIVATE
FRIESAN FIRE
GENERAL QUARTERS
HOLD ME BACK
JOIN IN THE DANCE
MINE THAT BIRD
MR HOT STUFF
MUSKET MAN
NOWHERE TO HIDE
PAPA CLEM
PIONEER OF THE NILE
REGAL RANSOM
SUMMER BIRD
WEST SIDE BERNIE

```
I A N O W H E R E T O H I D E P K A T O N
Y D N A C E T A L O C O H C E R D U N K I
F L Y I N F R I E S A L Y R I I I A G S K
A Y F R I E S A N F I R E K H S P E N D I
M R P A E H O L D M E E N R U E N I M R J
P N A M T E K S U M U U E M F E R F G I O
R I M I N O A A F D D R M I R N F M E B I
Y T O E H M R L U F E E A M U H E N T N
K T E N E I R I Y N R M L R T U T H E A I
I E R A E M N I C B C Q T S M A E O M H N
M C R A N E Y R I R U T T I V D F L O T T
I I S A P O R R E A A O A I O U L D S E H
N V M T P T D O R B H I R M J N Y M N N E
E D U O A H R T F R E P N U O W I E A I D
T A S M P R E E M T G D E S I E N B R M A
R M K I A R M W S N H K I K N S M A L E N
E F E C S E I R I E O E V S I T R C A E C
J O I N I N N Y U N D V N U T S H K G A E
M U S K M E L C A P A P R I D S O I E D P
F R I E S F A T O M I C D A L Y E I R V A
K S U M M E R R E G A L R S H E U W T I P
```

1ST PLACE	MINE THAT BIRD	2ND PLACE	PIONEER OF THE NILE
3RD PLACE	MUSKET MAN	4TH PLACE	PAPA CLEM

2010

AMERICAN LION
AWESOME ACT
BACKTALK
CONVEYANCE
DEANS KITTEN
DEVIL MAY CARE
DISCREETLY MINE
DUBLIN
HOMEBOYKRIS
ICE BOX
JACKSON BEND
LINE OF DAVID
LOOKIN AT LUCKY
MAKE MUSIC FOR ME
MISSION IMPAZIBLE
NOBLES PROMISE
PADDY OPRADO
SIDNEYS CANDY
STATELY VICTOR
SUPER SAVER

```
E L I H C O N V P A D D Y O P R A D O N P
E V O P O F V Y D N A C S Y E N D I S D Y
R E S O S M S P S U P E R S A V A M E R I
A O L I K I E D I S C R E E T L Y M I N E
C D U B L I N B B A C K T A C E E S O X R
Y K S A I L N T O P A D D O A S C T C O S
A D I D A Z I A N Y U D N R I E M A S B S
M U D D I S A I T C K V Y M O A A T T E N
L B N I H V C P L L E R O C K M N E A C E
I L E S O A A O M Y U R I E Y O I B T I T
V J Y C M W I D A I P C M S I M A M E N T
E A S M E E U N F S N U K L R C P H L M I
D C N A B S C E E O S O N Y K D A O Y A K
B K O K O E E L C I E A I T T E D M V K S
D S B E Y I B C C L C N A S D V D E I E N
E O L M O O K F A I S L I C S I Y B C M A
I N E U N A O N R N K I I L E I Y O T U E
C B S S R R E E H O M E B O Y K M Y O S D
E E P I M I M P A D M A K E M U S I R H A
B N R E O A R E V A S R E P U S N A M E R
R D C O N V E Y A T C A E M O S E W A E D
```

1ST PLACE	SUPER SAVER	2ND PLACE	ICE BOX
3RD PLACE	PADDY OPRADO	4TH PLACE	MAKE MUSIC FOR ME

2011

ANIMAL KINGDOM
ARCHARCHARCH
BRILLIANT SPEED
COMMA TO THE TOP
DECISIVE MOMENT
DERBY KITTEN
DIALED IN
MASTER OF HOUNDS
MIDNIGHT INTERLUDE
MUCHO MACHO MAN
NEHRO
PANTS ON FIRE
SANTIVA
SHACKLEFORD
SOLDAT
STAY THIRSTY
TWICE THE APPEAL
TWINSPIRED
WATCH ME GO

```
D N E H R E B M O D G N I K L A M I N A M
E N A N I D L R E C L D I A L E D I N P A
C S A N T U N A I E R S S N E D A T R M S
I C D O R L I A T L T A R C E A A C A M T
S D E W G R P U M A L C B R F D N S H U E
I I R A B E M A Y O A I I O L E T T H C R
V A B T R T M T N O H P A O E E W W O H O
E L Y C I N H H L T S C S N R T A I R O L
M E K H L I S I C N S R A O T E T N H A H
O D I K R T O E I T M O F M B S C S E A C
M H T S I H L W D R A H N A O C P P N N R
E E T D F G T N E S O W N F O H P E I I A
N Y E E D I M P R U S H A C I A C M E M H
T T N C E N S A N T I V A M E R A U E D C
S W P I R D C D W A T C C H U A E N M A R
H I A S B I S C O M M A T O T H E T O P A
A C N I Y M S A N T I E M U C H O M A O H
C E T V K S N N H D C T W I C E T H E M C
K T S E I W A T C I O O E M A S T E R O R
L H O T T A R C W D R O F E L K C A H S A
E E N S H A C T M A S T A N I M A L K I I
```

1ST PLACE	ANIMAL KINGDOM	2ND PLACE	NEHRO
3RD PLACE	MUCHO MACHO MAN	4TH PLACE	SHACKLEFORD

2012

ALPHA
BODEMEISTER
CREATIVE CAUSE
DADDY NOSE BEST
DONE TALKING
DULLAHAN
EL PADRINO
GEMOLOGIST
HANSEN
I LL HAVE ANOTHER
LIAISON
OPTIMIZER
PROSPECTIVE
ROUSING SERMON
SABERCAT
TAKE CHARGE INDY
TRINNIBERG
UNION RAGS
WENT THE DAY WELL

```
E O T A K E C H R O U S I N O P T I R B R
D A D D Y N O S E B E S T E A T R N O O S
I L L I E S U A C E V I T A E R C L U D E
O P T I L A A G E M O G B O D I S N S E L
N A H A L L U D H A N S E N T N H O I M P
U N I O N P H P S I O P T A E N T M N E A
C H A N S H O A K H T H K I T I A R W E D
B O D E S A E L V A S E H L A B K E E R R
C R E A T I A O I E C E A L K E E S N T O
E S P O T T U N M H A D N H E R C G T R N
D V D Z E S A N A C H N S A C G S N T I I
A A I N A H I R I R A T O I H A E I H N R
D N O T E O G G E O N A L T B A L S E N D
D D N I C E N Z O L N K A E H T P U D V A
Y L I A I E I M I L L R R S O E A O A A P
N R A N T M P E N I O C A R P C R R Y P L
R G D N I O W S A N A M A G T R E D W R E
O Y T T T P I I O T G P E H S E L A E O O
U T P I A T S U A R E L P G L A P D L S P
S O T L K O R O U S P U N I O N R D L P T
I D A L N A E B O D E M E I S T E R B E I
```

1ST PLACE	I LL HAVE ANOTHER	2ND PLACE	BODEMEISTER
3RD PLACE	DULLAHAN	4TH PLACE	WENT THE DAY WELL

2013

CHARMING KITTEN
FALLING SKY
FRAC DADDY
GIANT FINISH
GOLDEN SOUL
GOLDENCENTS
ITSMYLUCKYDAY
JAVAS WAR
LINES OF BATTLE
MYLUTE
NORMANDY INVASION
ORB
OVERANALYZE
OXBOW
PALACE MALICE
REVOLUTIONARY
VERRAZANO
VYJACK
WILL TAKE CHARGE

```
V E R R A Z V Y J A G I A N T F I O A V G
I T S M Y L U C A Y D D A D C A R F M E I
J A V A S W O V E R A N A L E O W C L R A
G O L D E L I N E S O F B E C O I P I R N
E Z Y L A N A R E V O O I H Y V L A N O S
A E O V V O X B O W B O A I N E L L E A L
W I L L T A K E C H A R G E O R T A S G I
I R B G O X B P O Y M B I A I A A A O C N
Y E E B I A N N E I V E R R S N K L F H E
A A Y V A A A V N J A V E R A A D J B A S
G O D A O Z N G O M X C O F V E A A A R O
G G V Y A L K T Y A I V E R N R G V T M F
O O O R K I U L F L L I N C I E O A T I B
L L R K T C U T A I T T E O Y V L R L N G
D E N T C T U M I K N N D X D O D A E G O
V O E N E A E L Y O T I E B N L E W C Y L
J N O X B C J N Y S N C S B A U N S A R D
C H A R A K D Y N M R A Y H M T S A W O E
O V E L O V E R V E S U R N R I O V I X N
Y F A L L I N G S K Y T A Y O D U A L B S
L P I Z P A L A C E I O I R N F L J L D O
```

1ST PLACE	ORB	2ND PLACE	GOLDEN SOUL
3RD PLACE	REVOLUTIONARY	4TH PLACE	NORMANDY INVASION

2014

CALIFORNIA CHROME
CANDY BOY
CHITU
COMMANDING CURVE
DANCE WITH FATE
DANZA
GENERAL A ROD
HARRYS HOLIDAY
INTENSE HOLIDAY
MEDAL COUNT
RIDE ON CURLIN
SAMRAAT
TAPITURE
UNCLE SIGH
VICARS IN TROUBLE
VINCEREMOS
WE MISS ARTIE
WICKED STRONG
WILDCAT RED

```
H I W A A M E D A L C O U N T E E W I L R
D C E C D W I C K E D S D A N I C H I E I
C A M H E C C Y D C A H A R T E G E L M D
H L I I R H O L A M R A C R T E A B C E E
I I S D T I M T R D G H A A N G U D A D O
Y F S M A U M A S N I S A E N O A A N A N
A O A E C N A R R O S L R C R D D N D L C
D R R D D T C Y C I M A O T A W Y S Y C U
I N N A L L E E M O L E N H I I D B A O M
L I C H I T U E W A S I R C E S A T O U E
O A D S W R W I R I S E K E T S N A C Y D
H C A T R I A O O R T E A U C A N I H L A
S H N A I D D H A E D H R Z B N S E I N L
Y R C P D E N C I S C A F U N I I A T I C
R O T I E O I N T C O M M A C A A V V N L
R M A T O V O R C A N D Y B T H D S A M I
A E P U N Y O D A N C E W I T E D A N E S
H R I R V N A H G I S E L C N U I T A P I
U I T E G G E N E R H A R R Y S H O C H I
N D U W E M E V R U C G N I D N A M M O C
C I N T E N S E H R I D E O N C U R L I N
```

1ST PLACE	CALIFORNIA CHROME	2ND PLACE	COMMANDING CURVE
3RD PLACE	DANZA	4TH PLACE	WICKED STRONG

2015

AMERICAN PHAROAH
BOLO
CARPE DIEM
DANZIG MOON
DORTMUND
FAR RIGHT
FIRING LINE
FRAMMENTO
FROSTED
ITSAKNOCKOUT
KEEN ICE
MATERIALITY
MR Z
MUBTAAHIJ
OCHO OCHO OCHO
TENCENDUR
UPSTART
WAR STORY

```
T F R A M M E N T O M A T M L P D O R T I
T H R M N M T K M U B T A C A R P E D I T
U R G E N U M L E H T T T E N C E N D U R
P A T I A B E M M E E O M U B T I T S O O
S U M D R T O N E R N T E N C I T S H O B
T P B E F R E M I R P I D O B O N C I F O
A S M P R O A A F L O T C I B A O A T R F
R T W R C I L F R W G K O E O O M T S A R
T A A A Z I C Y O A F N R M H F A U A M O
F M R C T A R A S R R L I C N A T O K M S
A U S Y B O L O N S O E O R A R E K N E T
R B D E T S O R F P S O I A I R R C O N A
R T T S B O W A R S H D A M E F I O I M I
I A R F R O S T P C B A F A R R D N T U T
G A K E E N I I O S O C R T Z O K K S B S
W H E I T S A K N O D O R O R O E A A T A
D I M M I T S A K N O A R T A T E S K A K
A J N O O M G I Z N A D M B O H N T N A N
N F R A M W M U B T T U M U B T I I B H O
Z I F A R R I G N N N I U U P S T A O M M
I W D K E E N I S D T E N C U P S T A C M
```

1ST PLACE	AMERICAN PHAROAH	2ND PLACE	FIRING LINE
3RD PLACE	DORTMUND	4TH PLACE	FROSTED

2016

BRODYS CAUSE
CREATOR
DANZING CANDY
DESTIN
EXAGGERATOR
GUN RUNNER
LANI
MAJESTO
MO TOM
MOHAYMEN
MOR SPIRIT
MY MAN SAM
NYQUIST
OSCAR NOMINATED
OUTWORK
SUDDENBREAKINGNEWS
TOMS READY
TROJAN NATION
WHITMORE

```
T D A N Z I N G C A N D Y A D W H I T M N
M R T O M S R O D A N E G U N R U N T T S
O S M O H A U T O E S T R O J A E D E I T
H O U E A T C R E U T O M S R M R M R R T
A U A D W M Y M A N S A M N Y T M A O I R
Y T T O D R D C I M G S D A J O Y J M P O
I W R O R E S E A O U U H M T R A E T S J
W K E S G Y N M T H N O N O J N W S I R M
H D X C D I N B U A M M M R N E M T H O O
I E A O E R I D R T N A B A U L A O W M H
T S R A X N D N I E S I T L A N D A N Z A
M B D I A M Y M A N A I M R E M N Y M R Y
G K U L G O U T W O O K U O M O N E M N O
T O M S G M O H A N N B I Q N R Y L R Y E
O Y D A E R S M O T I R A N Y R Q A M Q T
S M Y M R C R E A T T O O C G N A M O U O
C R O T A E R C T D S D S R N N U C H I M
A T T S T G W N R A E Y C E Y B E T S E S
R D A A O U H Y O N D T A A Q R O W D O R
D A N Z R N I Q J Z L A R T U O E O S G B
C M O R S P T U A G U N R U I D E X A G G
```

1ST PLACE	NYQUIST	2ND PLACE	EXAGGERATOR
3RD PLACE	GUN RUNNER	4TH PLACE	MOHAYMEN

2017

ALWAYS DREAMING
BATTLE OF MIDWAY
CLASSIC EMPIRE
FAST AND ACCURATE
GIRVIN
GORMLEY
GUNNEVERA
HENCE
IRAP
IRISH WAR CRY
J BOYS ECHO
LOOKIN AT LEE
MCCRAKEN
PATCH
PRACTICAL JOKE
SONNETEER
STATE OF HONOR
TAPWRIT
UNTRAPPED

```
E A L W A A F U N T R A P F R L G U N N E
T K C R P U R P A T S O N N O M C C R A K
A I O A R N S E S T A T E O P Y O I R N H
P R Y J A T B O V S O N K T A A A E I L E
W I E E L R T S N E O I U A T W I V G E N
C S P A T A A O R N N A N P E D R H I I C
L H T N P P C N T A E N T W T I A I R R R
A W C W C P N I T N R T U E G M P R V I L
S A R Y L E P L T S T A E G I F C I C S O
S I S E A D E E P C E C N E H O L S N H O
T I Y T S E C L A I A I R I R E A H E W K
F A S T A N D A C C U R A T E L S W K A I
P R A C T T H E N R I R P C M T S A A I N
R G N I M A E R D S Y A W L A T I R R R A
P O H C E S Y O B J P G M C C A C Y C C A
R L L H M C C R F H A I R I R B E G C L L
A O O E S T A T C H T T B A T L M I M A W
C O O N H E N T M O O B A T M A P R U S A
I R I S H W A R C R Y N L R H L I V N S Y
G O R M L P C L A S S I O R E W R D T R S
K A L W P R A C T I C G T R N A E M R T D
```

1ST PLACE	ALWAYS DREAMING	2ND PLACE	LOOKIN AT LEE
3RD PLACE	BATTLE OF MIDWAY	4TH PLACE	CLASSIC EMPIRE

2018

AUDIBLE
BOLT D ORO
BRAVAZO
COMBATANT
ENTICED
FIRENZE FIRE
FLAMEAWAY
FREE DROP BILLY
GOOD MAGIC
HOFBURG
INSTILLED REGARD
JUSTIFY
LONE SAILOR
MAGNUM MOON
MENDELSSOHN
MY BOY JACK
NOBLE INDY
PROMISES FULFILLED
SOLOMINI
VINO ROSSO

```
N I N F L A J U S T I V I N O R O S B N K
O Y U O C B E M D U J U S T I I E O B C D
B U D R O L N A E L O N E S A L A A A O H
L V I N O M T G C M E N D E B Y F J N N O
E I P I I T M N I L O N E I L R Y L O O F
I N F R F E O U T S N M D L E O E N B B B
N O I O O B L E N Y E U M E B E I D L L U
E R R M B M A B E G A R D Y I I R H B E O
L O N E S A I L O R A R M R O A W O S I B
J S S F M A G S A N O M N S G B L F O N N
U S O I F B O L E P O W I E Y T L B L C H
S O L R R B R L B S M D R L D F O U O I O
F S O E E T R I S M F D C O A I N R M G S
R B M N E D L A G S E U R O A R E G I A S
E O I Z D L M A V L R O L R M G O O D M L
E L N E Y E N T L A B O L F M B N D F D E
D T I I T E R I F E Z N E R I F A T L O D
R D N J U S T I F Y N O C O M L A T A O N
O O O I E S M A G N U B R A V A L U A G E
F I B R N A Y Y A W A E M A L F D E Z N M
N A L I B O L T D G O O D M A G E J D E T
```

1ST PLACE	JUSTIFY	2ND PLACE	GOOD MAGIC
3RD PLACE	AUDIBLE	4TH PLACE	INSTILLED REGARD

2019

BODEXPRESS
BY MY STANDARDS
CODE OF HONOR
COUNTRY HOUSE
CUTTING HUMOR
GAME WINNER
GRAY MAGICIAN
IMPROBABLE
LONG RANGE TODDY
MASTER FENCER
MAXIMUM SECURITY
PLUS QUE PARFAIT
ROADSTER
SPINOFF
TACITUS
TAX
VEKOMA
WAR OF WILL
WIN WIN WIN

```
S A N H M L O N G R B T A C I T R T A S R
M P R A L A R O A D S O C O U N E U N P A
A S I N I R S I M P R O D L W S S P I I G
S D T N L C W T W A R O L E U F P Q M N A
T R A L O T I A E B N I Y O X C O A T O M
S A C O N F L G I R W I H P T P X T A N E
P D R N G L F E A F F Y W C A I R P C I W
I N E G R O F N O M R E V N M I E E M H I
N A N R A N P R I T Y E N U I P G P S G N
O T N A N N A H N O K A M C E W R R H S R
N S I N G W O U E O B S R N E O N B O D O
N Y W M E T O I M R E S A G B R A I R U A
G M E C T C W A S C C U T A P L U S W N D
A Y M X O P A T U C G Y B G A M E W I N S
M B A H D L R R L O O L G R A Y M A G I T
E T G X D U I I S D E L O N G R A N G M E
W G S S Y T C O U N T X R O A D S T O M R
I R P P Y T T I A F R A P E U Q S U L P G
N A I I I M P C U T T I N G H U M O R N E
N Y N N E C O D E O F H O N O R C O U N T
V A G O I M P R O B S U T I C A T C O U N
```

1ST PLACE	COUNTRY HOUSE	2ND PLACE	CODE OF HONOR
3RD PLACE	TACITUS	4TH PLACE	IMPROBABLE

ATTACHMENT RATE
AUTHENTIC
ENFORCEABLE
HONOR A P
MAJOR FED
MAX PLAYER
MONEY MOVES
MR BIG NEWS
NECKER ISLAND
NY TRAFFIC
SOLE VOLANTE
SOUTH BEND
STORM THE COURT
TIZ THE LAW
WINNING IMPRESSION

J	T	D	N	E	B	H	T	U	O	S	N	E	C	K	E	R	N	S	T
N	E	C	K	E	N	E	C	K	E	R	H	O	N	O	R	A	Y	T	B
M	A	J	O	R	F	S	O	L	E	V	O	L	A	N	T	E	T	O	E
R	R	M	O	N	E	Y	M	P	H	O	N	E	C	K	E	R	R	T	L
N	O	I	S	S	E	R	P	M	I	G	N	I	N	N	I	W	A	N	T
E	M	A	A	S	S	M	A	T	T	A	C	H	T	I	Z	R	F	I	R
N	O	C	T	T	O	A	T	E	L	T	S	T	O	R	T	N	F	N	U
F	N	I	T	O	L	X	E	I	L	A	T	T	A	N	E	T	I	E	O
T	E	T	S	R	E	P	S	M	Z	B	R	E	E	C	M	I	C	C	C
I	Y	N	O	M	V	R	M	D	B	T	A	M	K	M	R	Z	T	K	E
Z	M	E	L	T	O	P	E	R	H	E	H	E	R	A	B	T	I	E	H
T	O	H	E	H	E	F	E	Y	B	C	R	E	C	X	I	H	Z	R	T
H	V	T	V	R	R	N	Y	T	A	I	L	X	L	R	G	E	T	A	M
E	E	U	O	O	M	A	X	T	S	L	G	O	T	A	O	I	H	U	R
T	S	A	J	A	U	T	T	L	I	O	P	N	N	N	W	F	E	T	O
I	O	A	M	A	J	A	A	E	N	E	C	X	E	T	I	Z	N	H	T
Z	M	H	T	H	O	N	O	R	A	P	E	I	A	W	N	Y	T	E	S
N	E	C	K	E	D	M	R	B	H	O	N	O	R	M	S	S	T	O	R

1ST PLACE	AUTHENTIC	2ND PLACE	TIZ THE LAW
3RD PLACE	MR BIG NEWS	4TH PLACE	HONOR A P

SOLUTIONS

1875

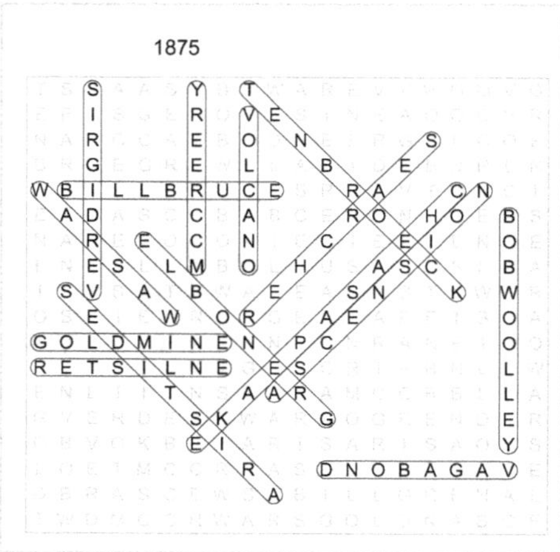

1876

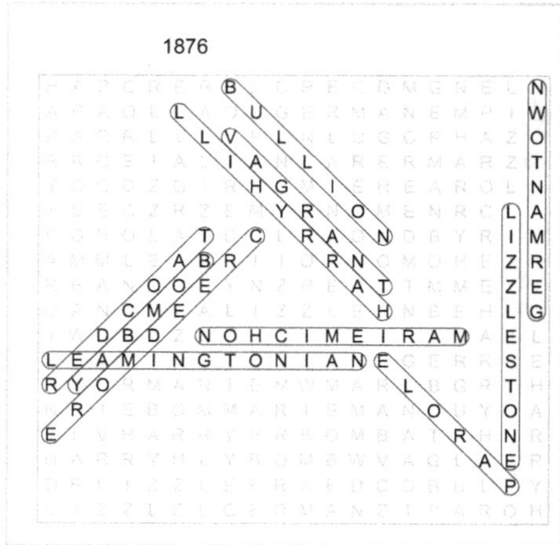

1877 - 1878

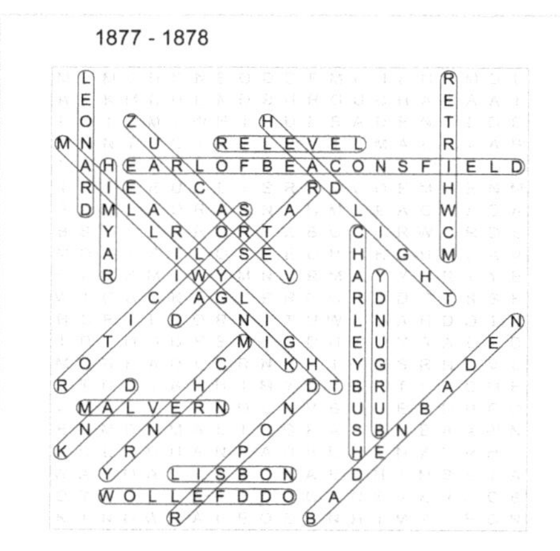

1879 - 1880 - 1881

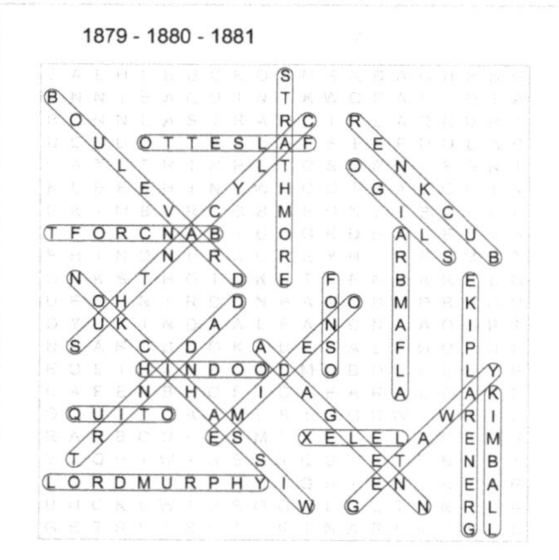

1882

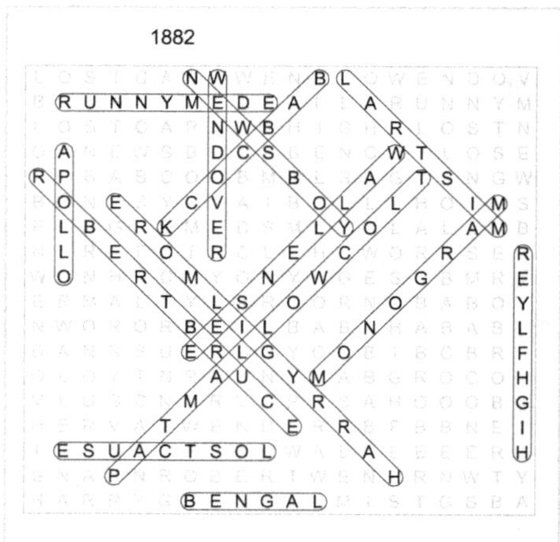

1883 - 1884

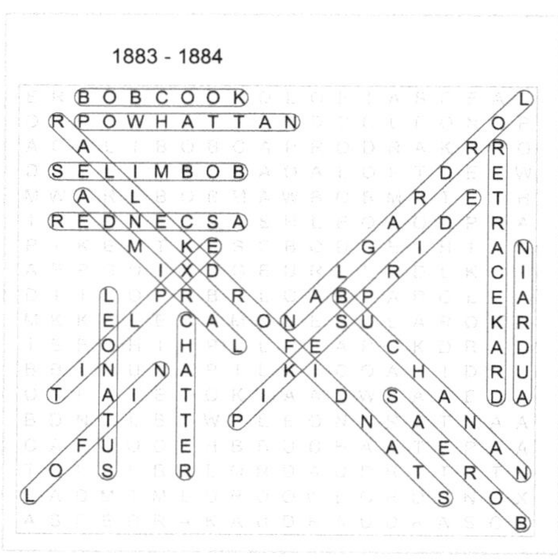

1885

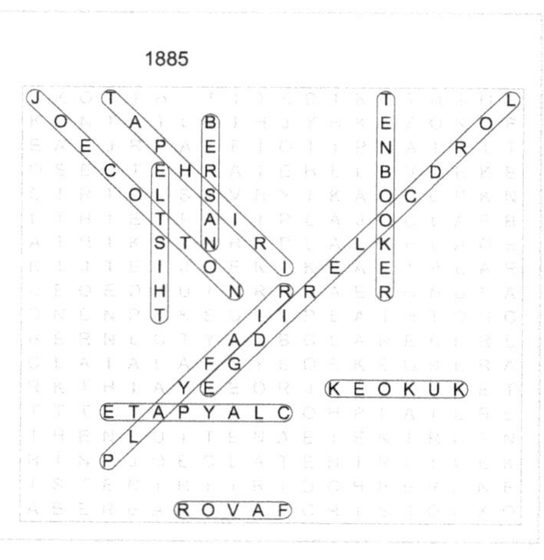

1886

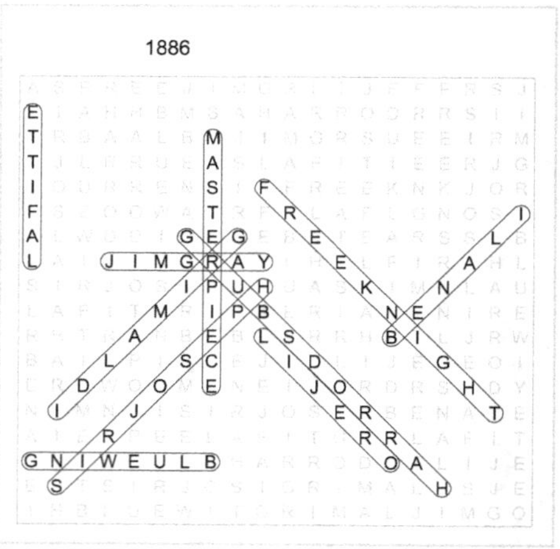

1887 - 1888

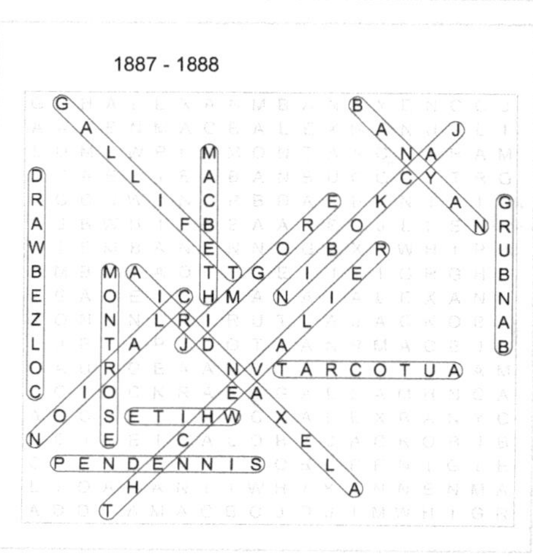

1889 - 1890

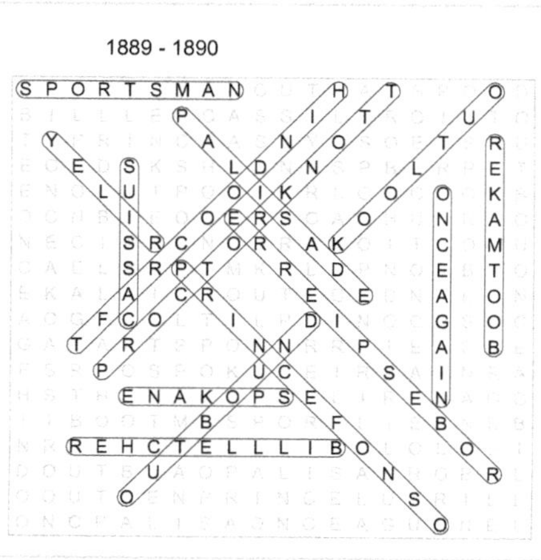

1891 - 1892 - 1893

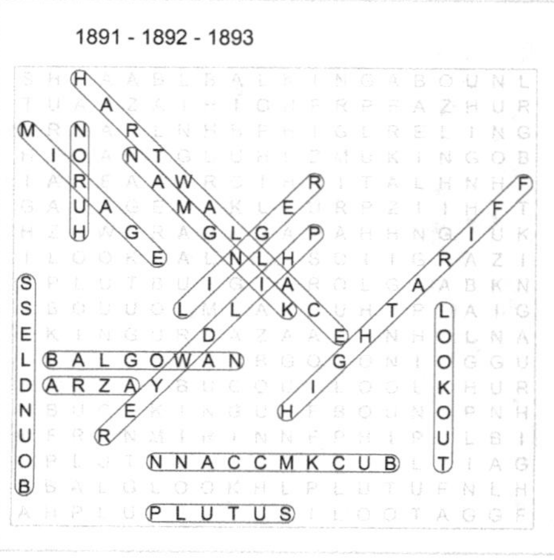

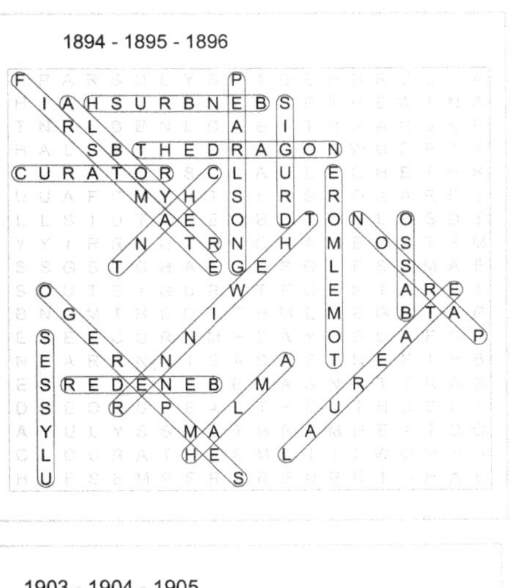

1894 - 1895 - 1896

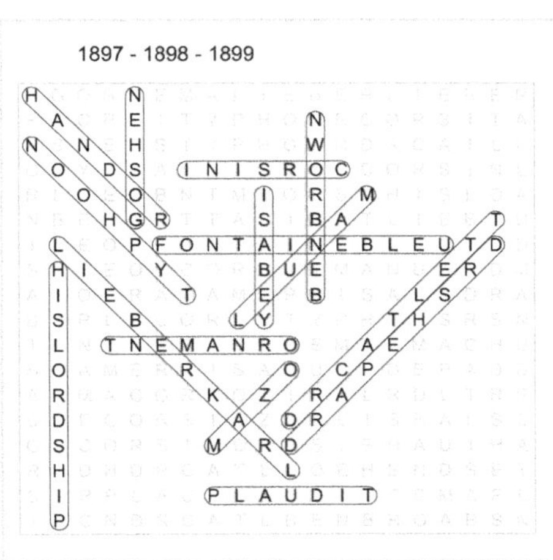

1897 - 1898 - 1899

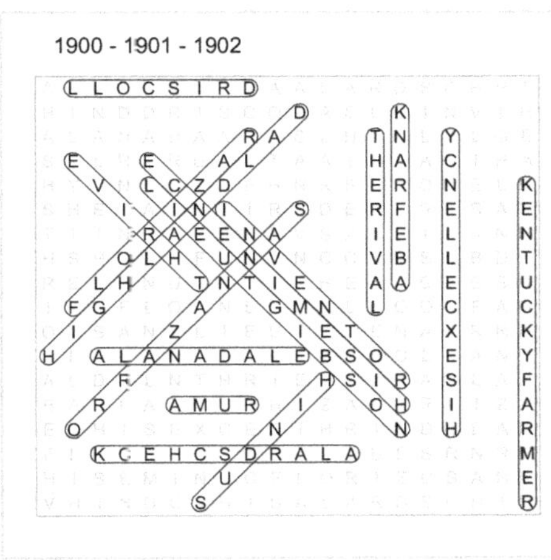

1900 - 1901 - 1902

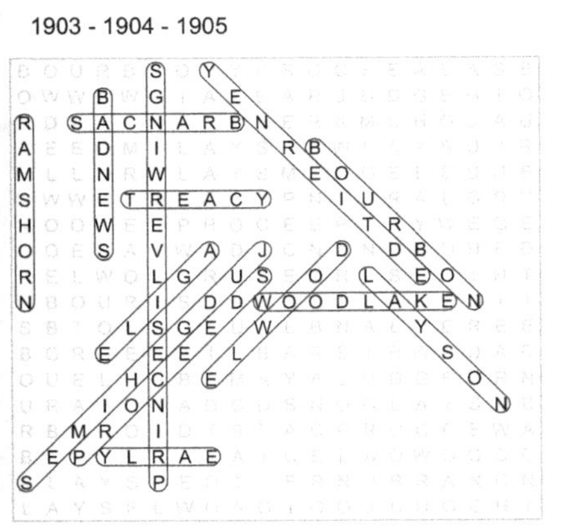

1903 - 1904 - 1905

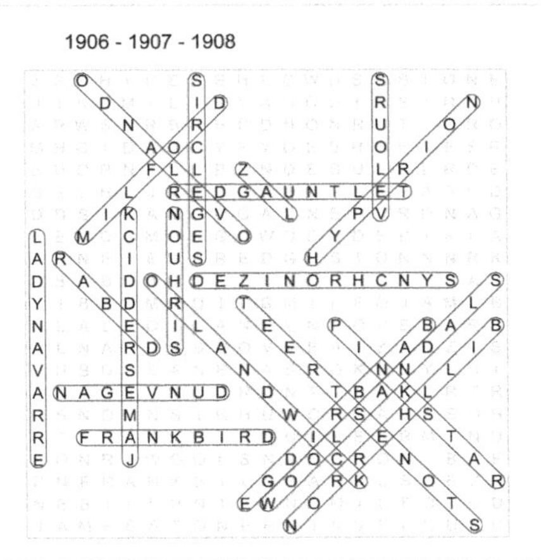

1906 - 1907 - 1908

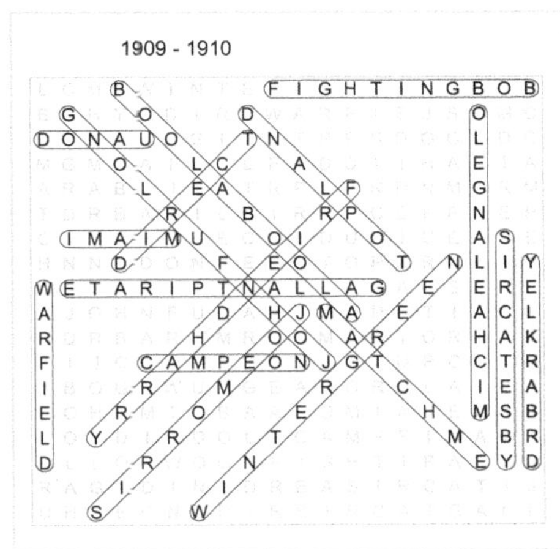

1909 - 1910

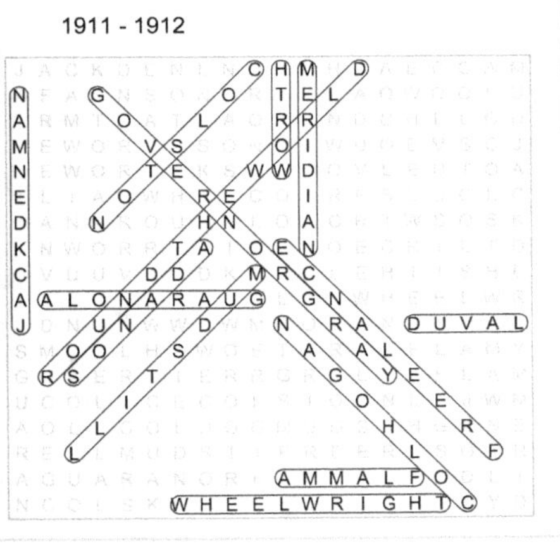

1911 - 1912

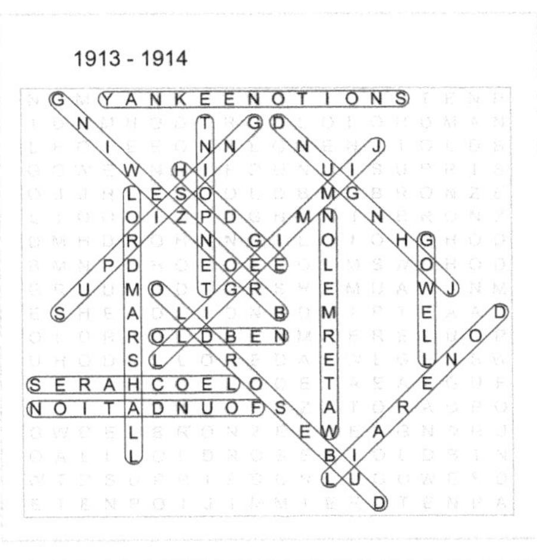

1913 - 1914

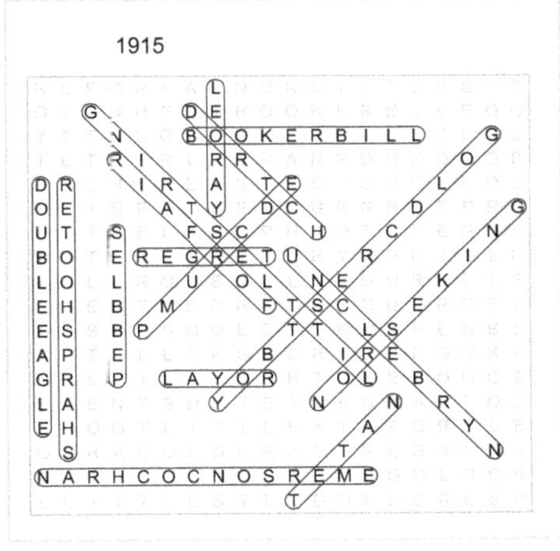

1915

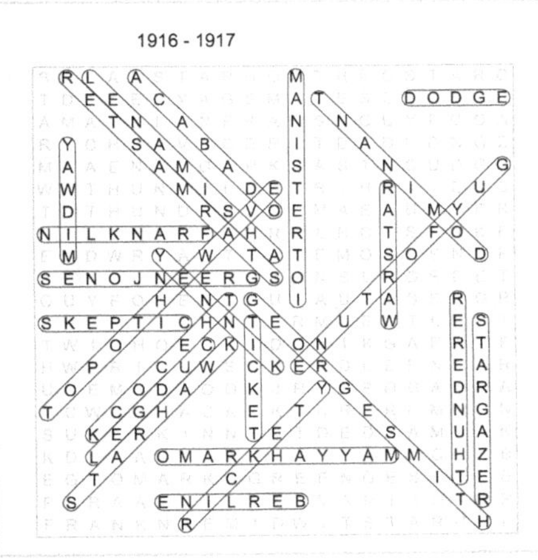

1916 - 1917

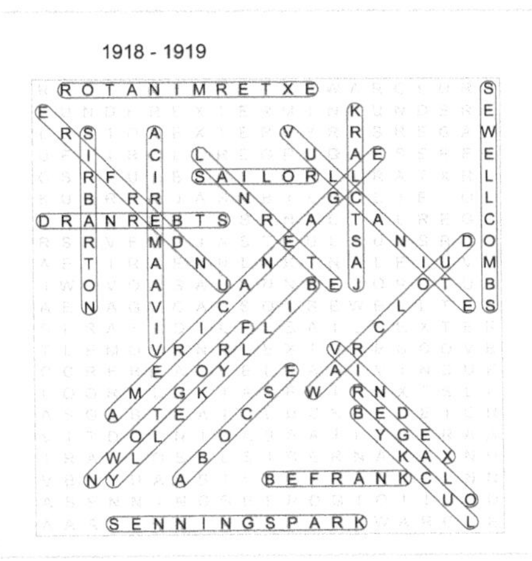

1918 - 1919

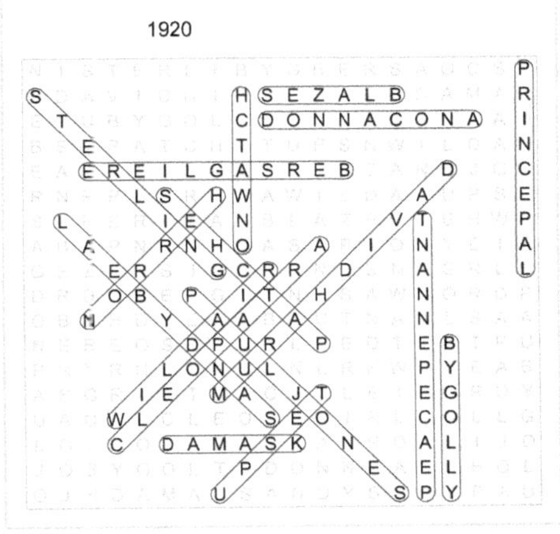

1920

1921

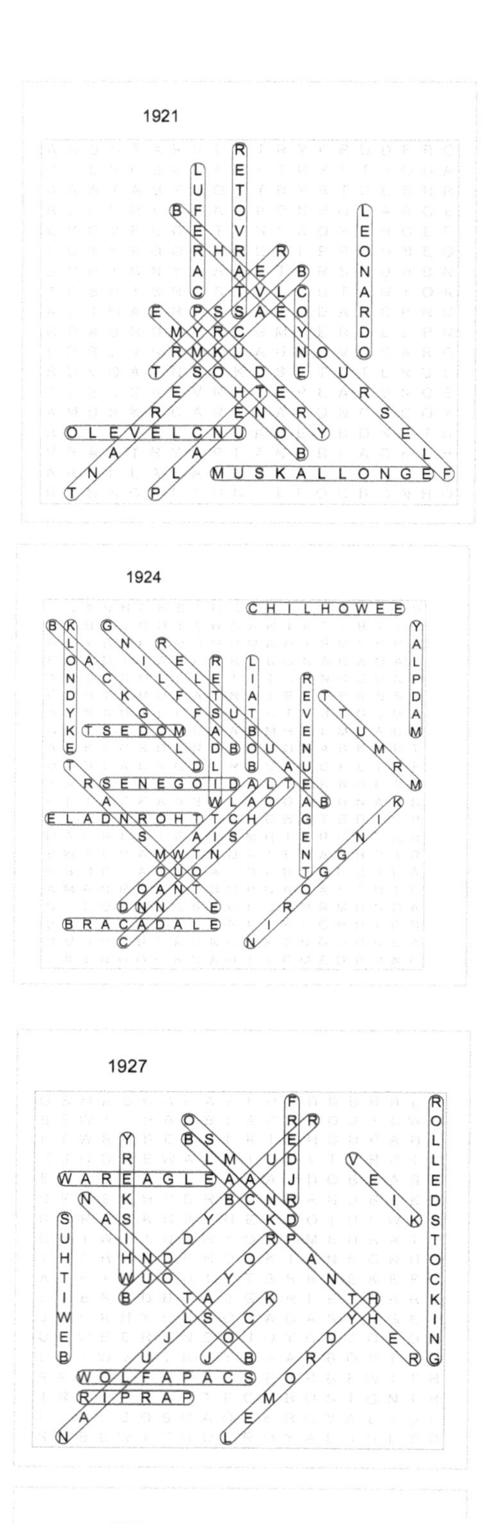

1922

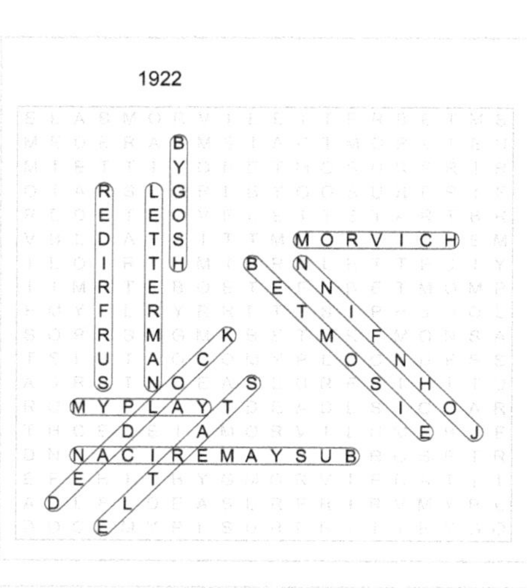

1923

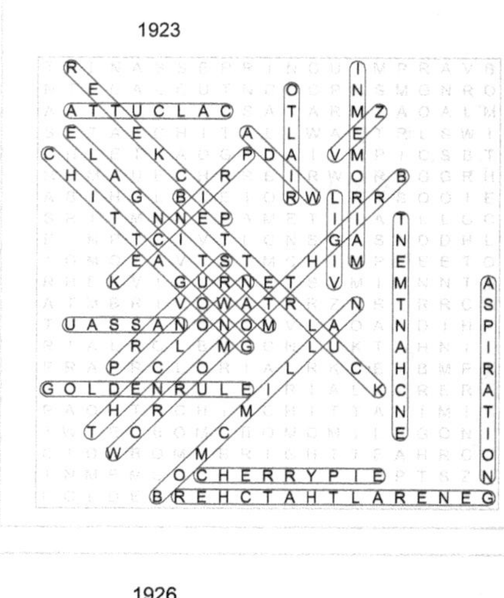

1924

1925

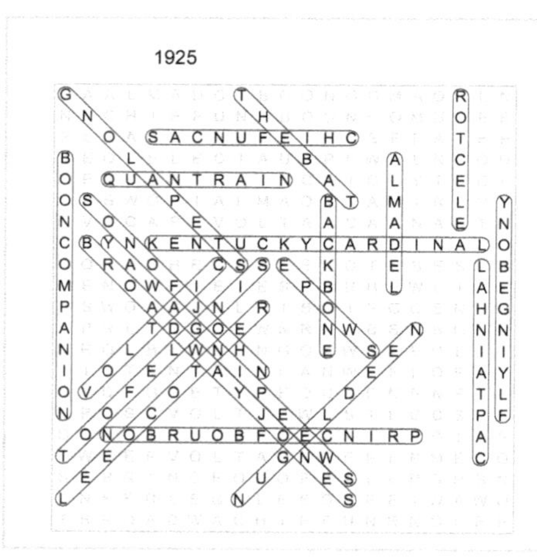

1926

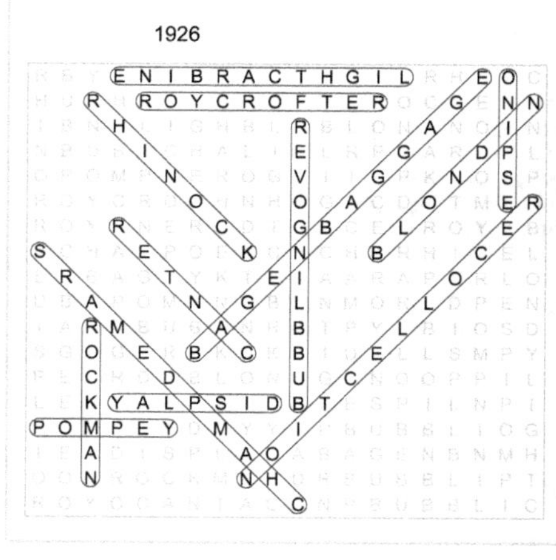

1927

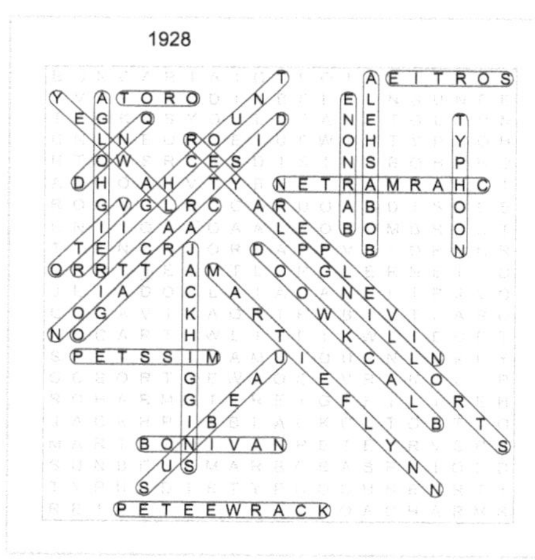

1928

1929

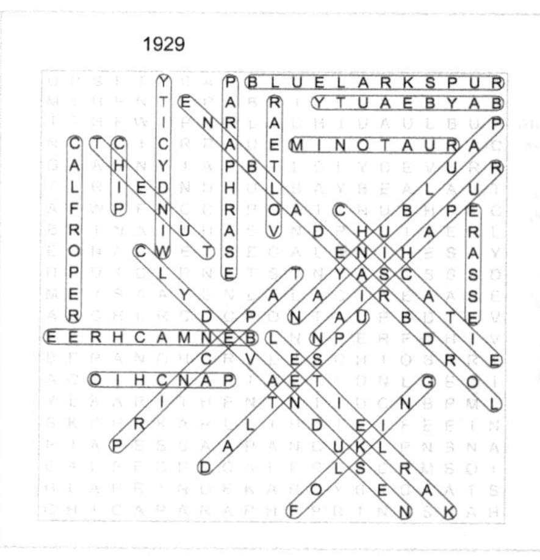

1930

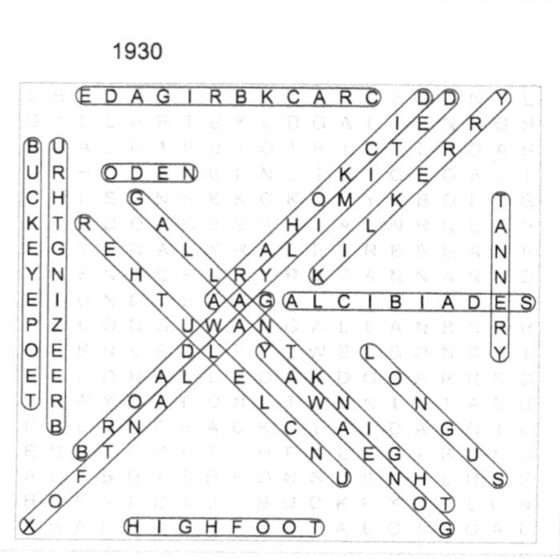

1931

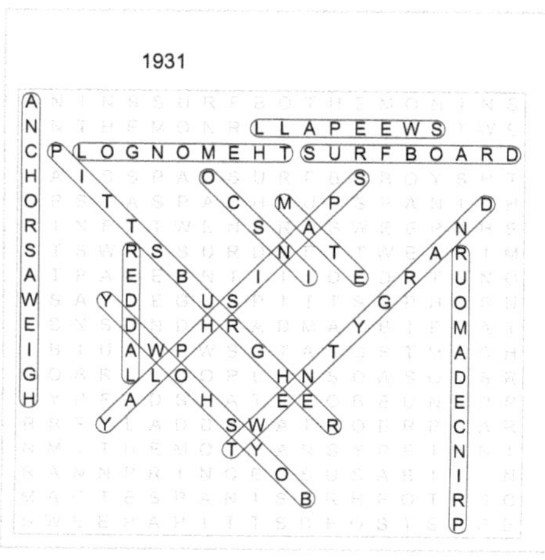

1932

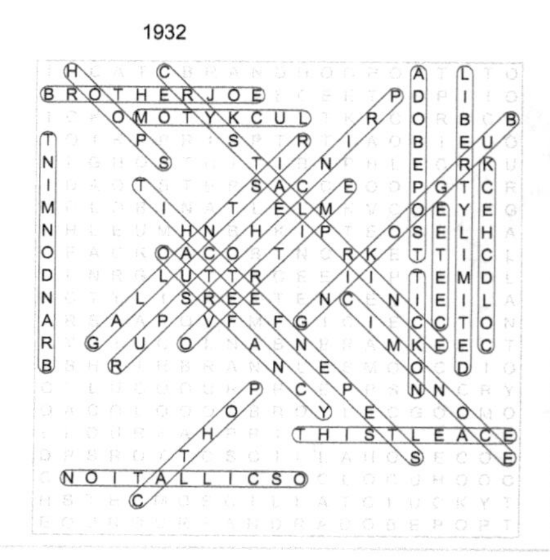

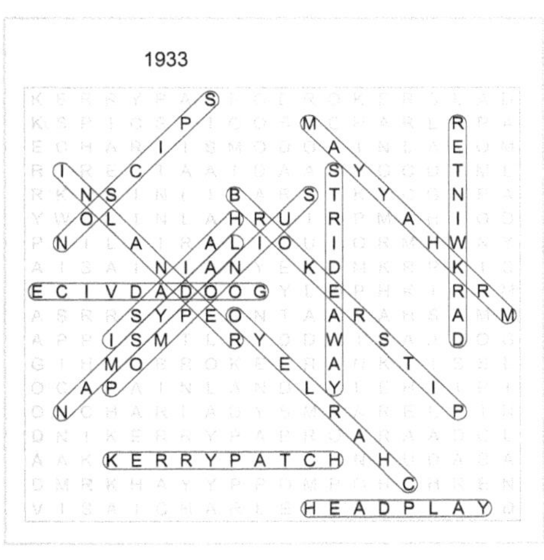

1933

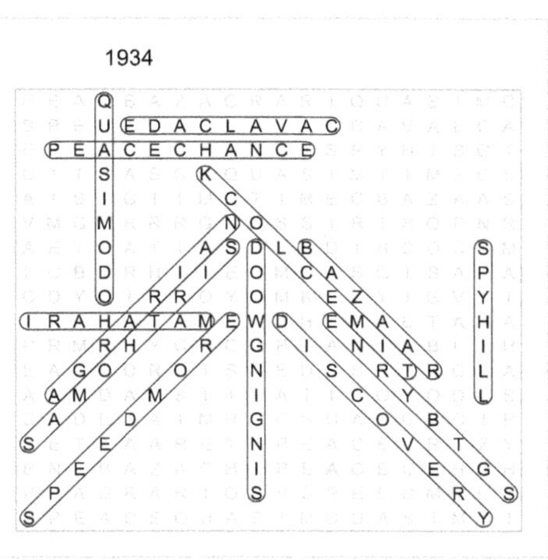

1934

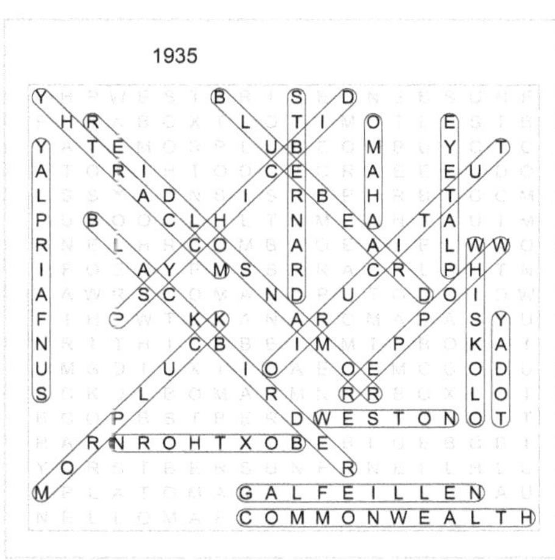

1935

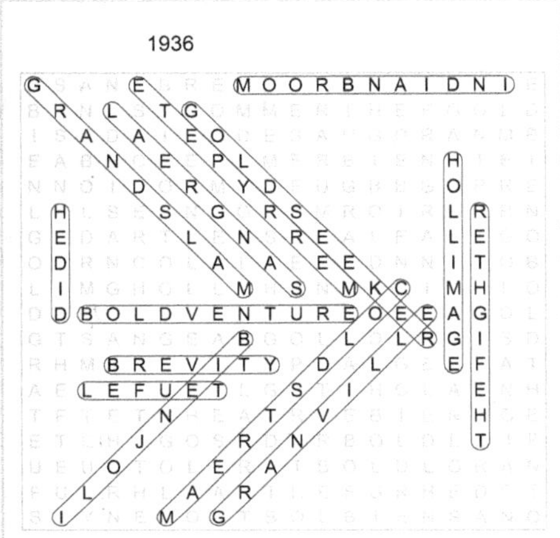

1936

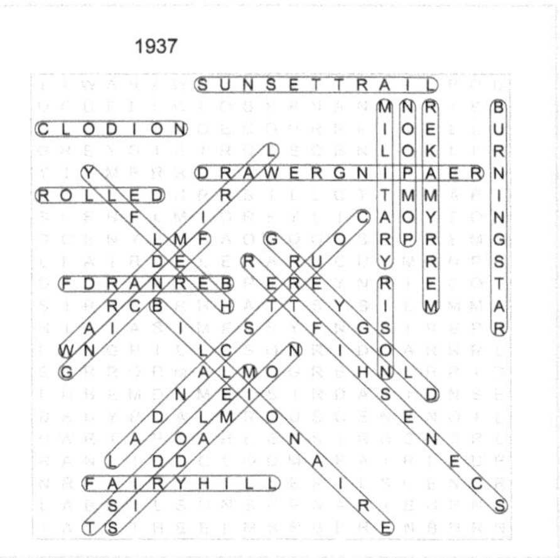

1937

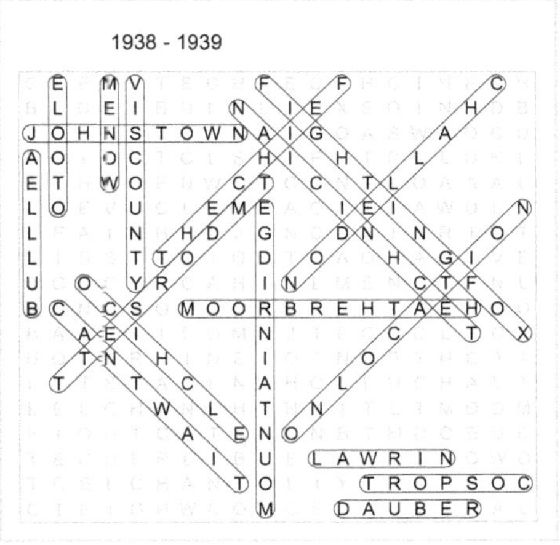

1938 - 1939

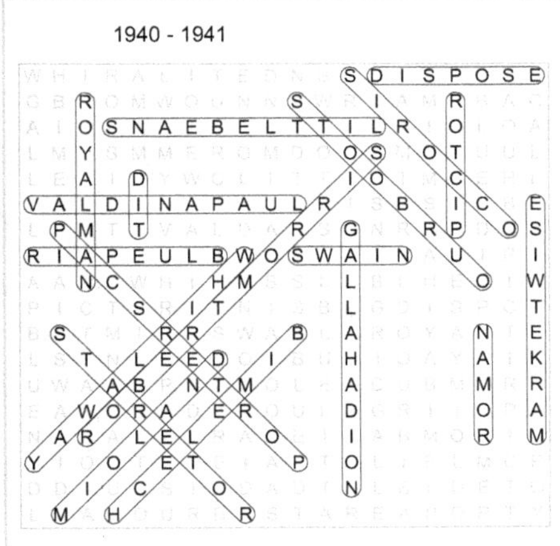

1940 - 1941

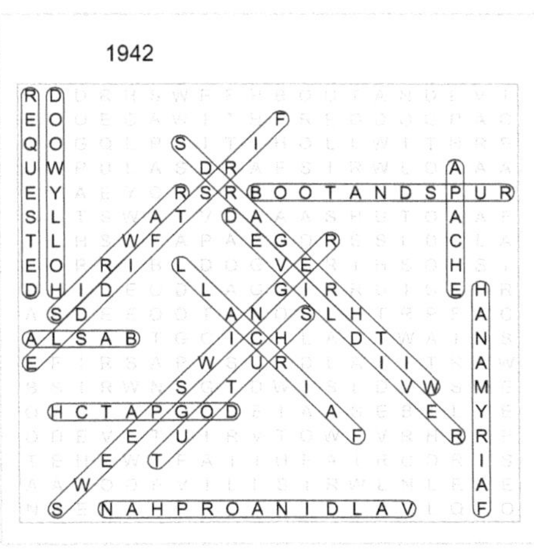

1942

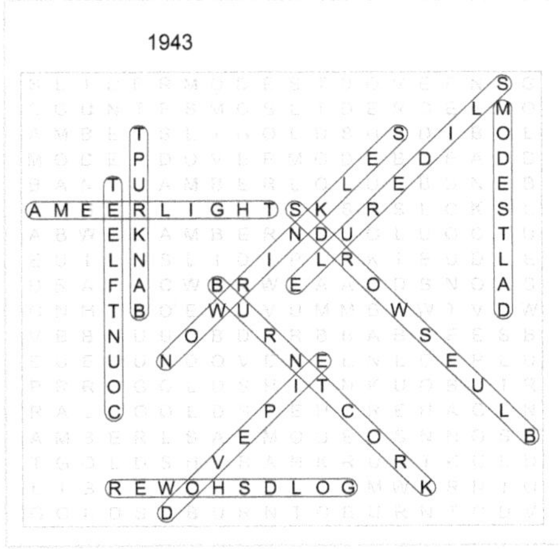

1943

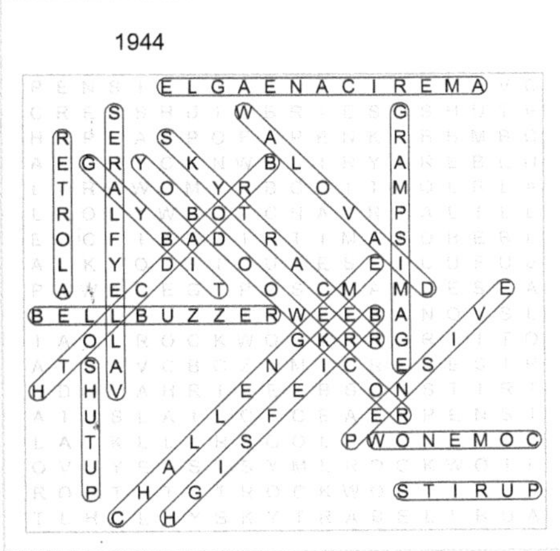

1944

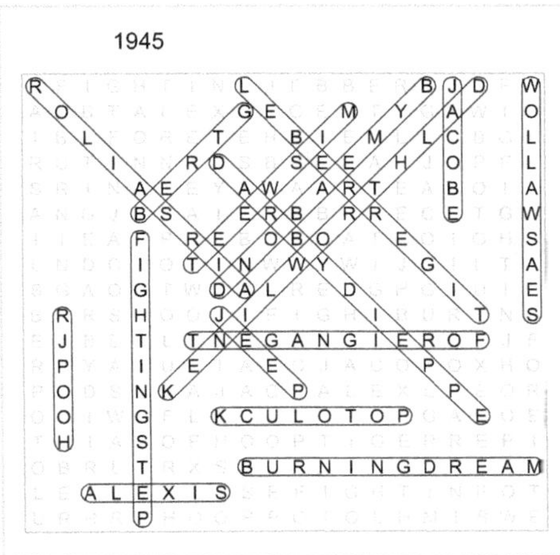

1945

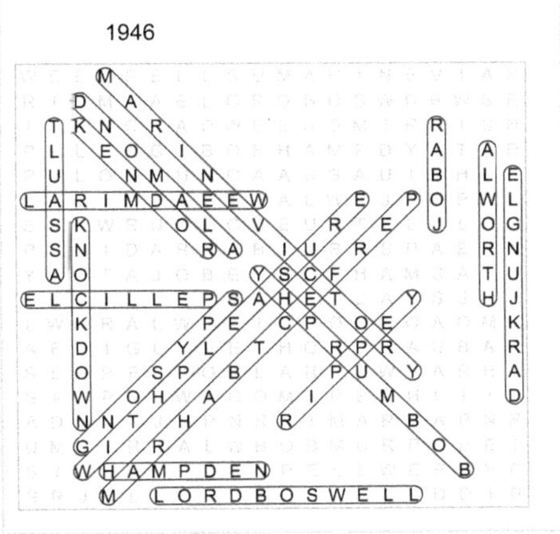

1946

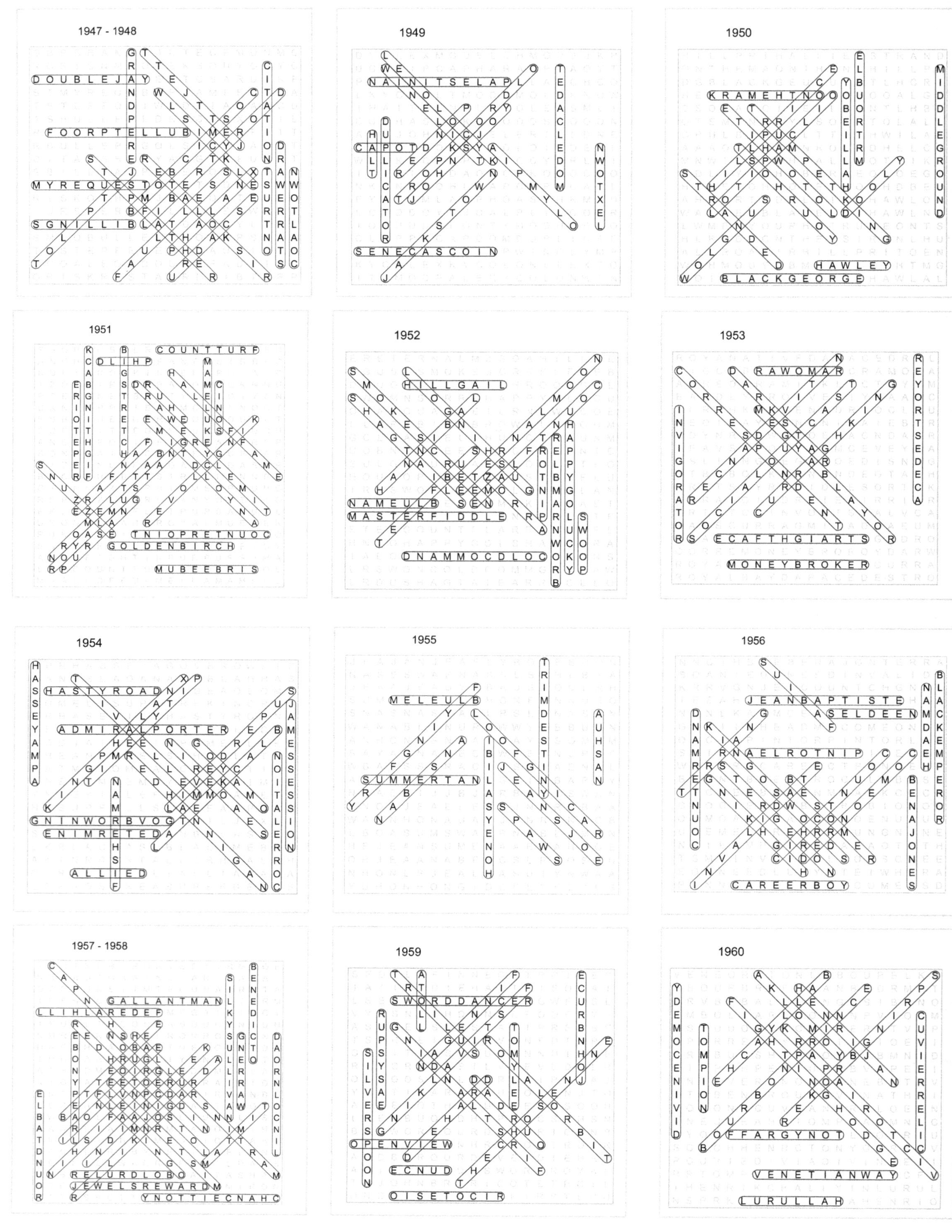

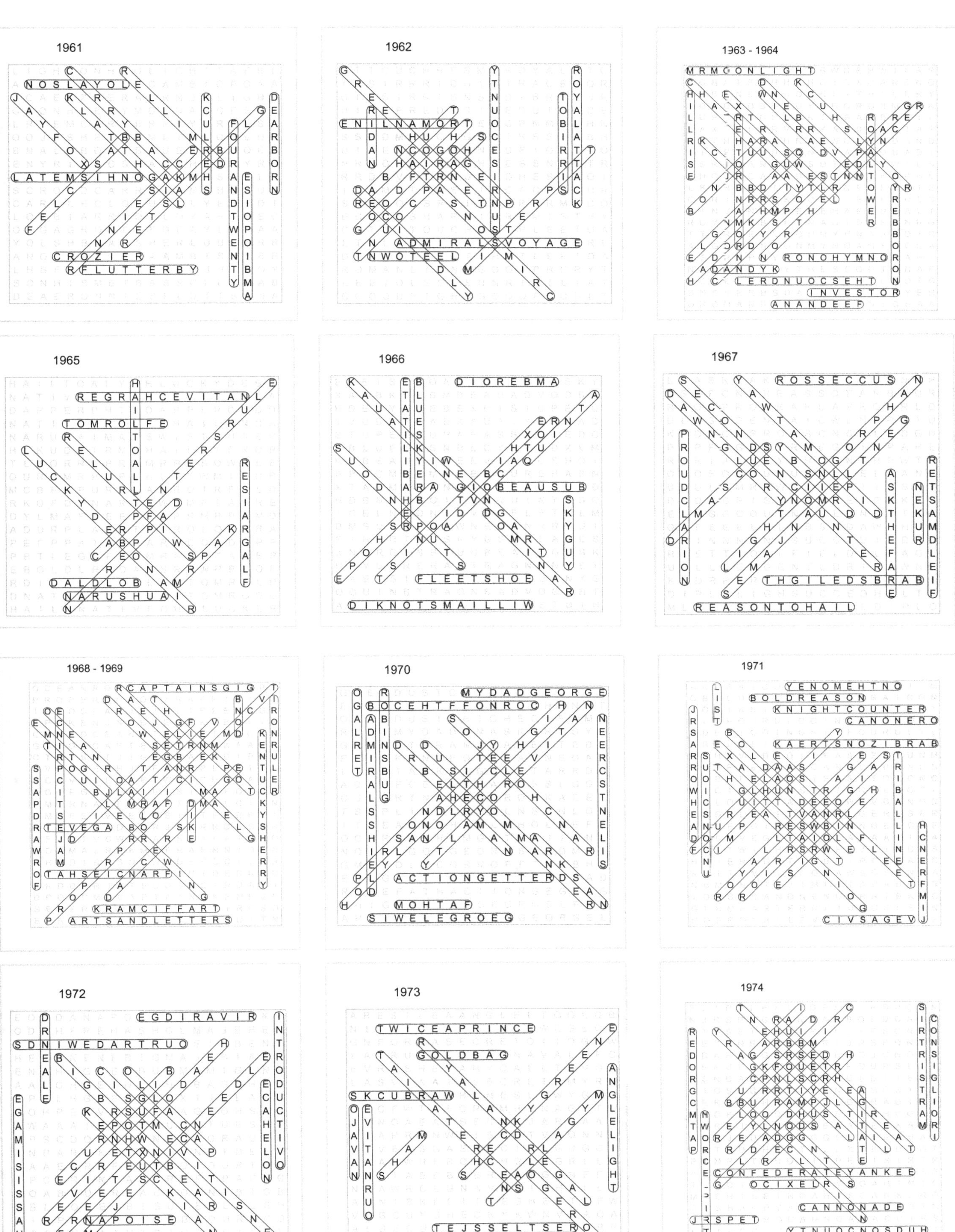

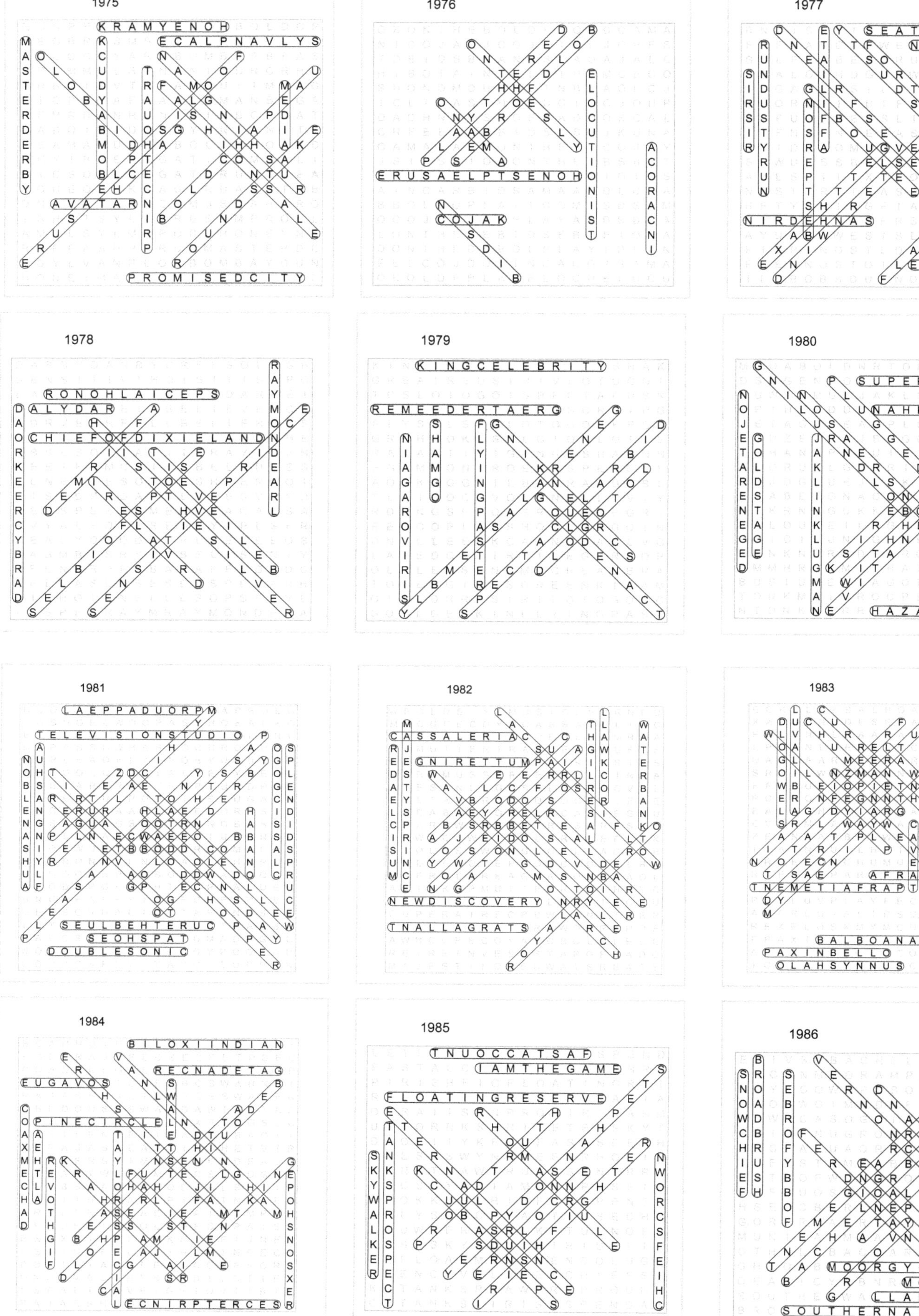

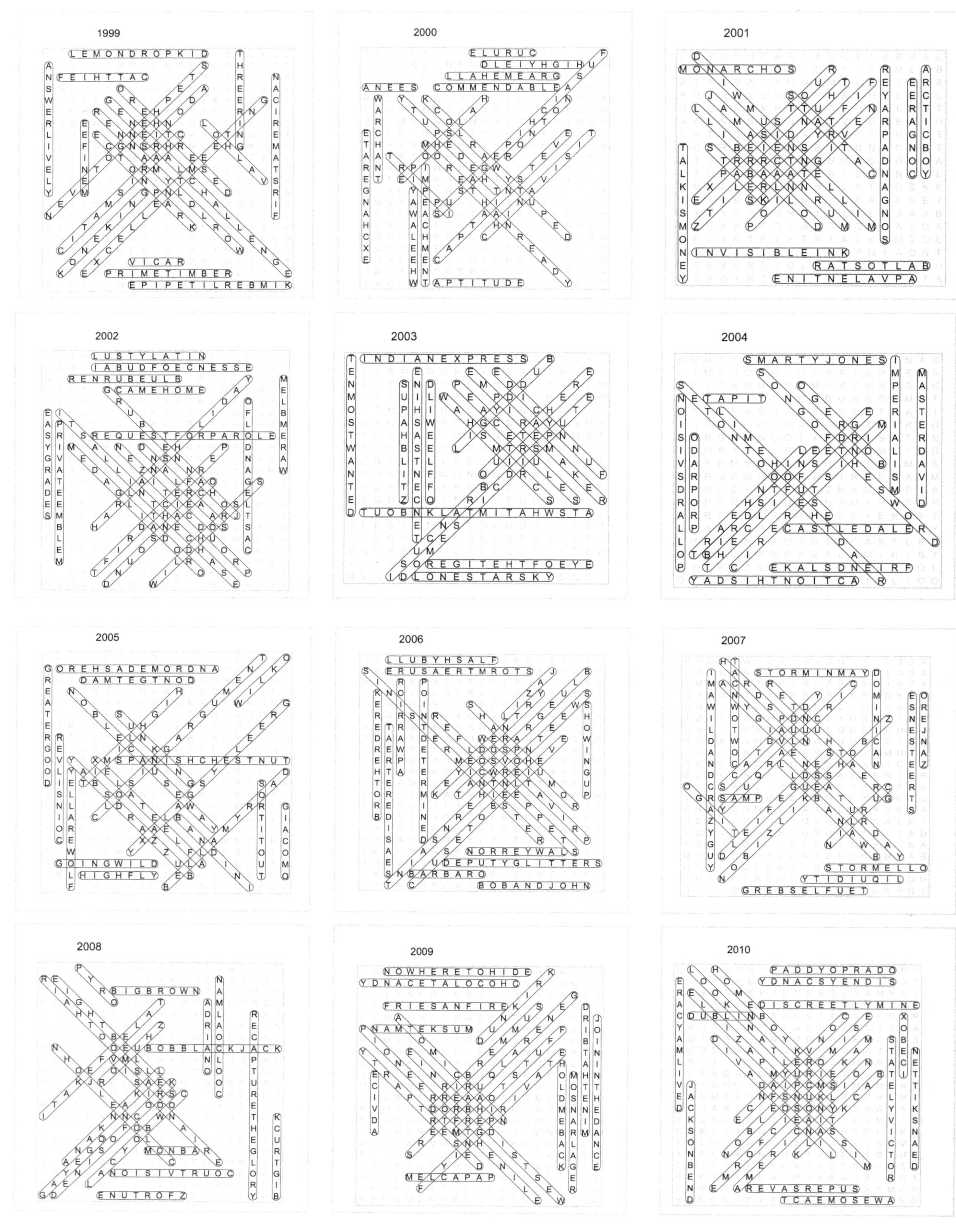

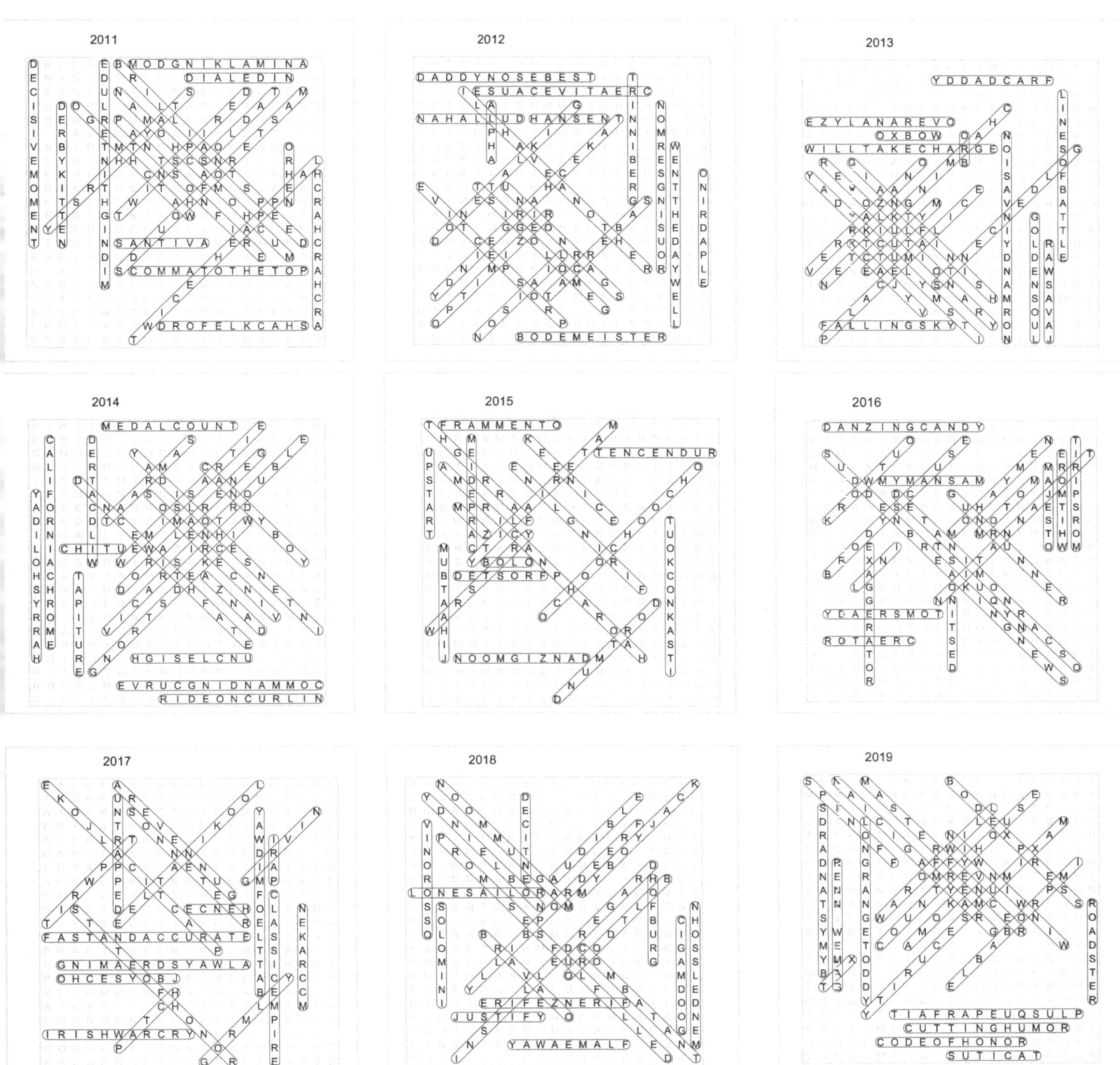